NIETZSCHE ABAIXO DO EQUADOR

A RECEPÇÃO NA AMÉRICA DO SUL

Sendas & Veredas

propõe-se a atuar em três frentes distintas: apresentando títulos expressivos da produção brasileira sobre a filosofia nietzschiana, publicando traduções comentadas de escritos do filósofo ainda inexistentes em português e editando textos de pensadores contemporâneos seus, de sorte a recriar a atmosfera cultural da época em que viveu.

Coordenadora: Scarlett Marton.

Conselho Editorial: Bento Prado Júnior, Ernildo Stein, Germán Meléndez, José Jara, Luis Enrique de Santiago Guervós, Mônica B. Cragnolini, Paulo Eduardo Arantes e Rubens Rodrigues Torres Filho.

Scarlett Marton (org.)

NIETZSCHE ABAIXO DO EQUADOR

A RECEPÇÃO NA AMÉRICA DO SUL

discurso editorial
São Paulo - SP
2006

Ijuí - RS

Copyright © Discurso Editorial & Editora UNIJUÍ, 2006

Nenhuma parte desta publicação pode ser gravada, armazenada em sistemas eletrônicos, fotocopiada, reproduzida por meios mecânicos ou outros quaisquer sem a autorização prévia da editora.

Projeto editorial: Departamento de Filosofia da FFLCH-USP
Direção editorial: Milton Meira do Nascimento
Projeto gráfico e editoração: Guilherme Rodrigues Neto
Capa: Camila Mesquita
Ilustração da capa: Caspar David Friedrich – Sommer, 1807
Revisão: Luís Rubira
Tiragem: 1.000 exemplares

Dados Internacionais de Catalogação na Publicação (CIP)
(Câmara Brasileira do Livro, SP, Brasil)

Netzsche abaixo do Equador: a recepção na América do Sul / Scarlett Marton, (org.). São Paulo : Discurso Editorial ; Ijuí, RS : Editora Unijuí, 2006. – (Sendas & Veredas. Série recepção)

ISBN: 85-86590-81-9

1. Filosofia alemã 2. Nietzsche, Friedrich Wilhelm, 1844-1900 – Crítica e interpretação I. Marton, Scarlett II. Série.

06-7087   CDD-193

Índices para catálogo sistemático:
1. Nietzsche : Filosofia alemã 193

discurso editorial
Av. Prof. Luciano Gualberto, 315 (sala 1033)
05508-900 – São Paulo – SP
Telefone: (11) 3814-5383
Telefax: (11) 3034-2733
E-mail: discurso@org.usp.br
Homepage: www.discurso.com.br

Editora UNIJUÍ
Rua do Comércio, 1364
98700-000 - Ijuí - RS - Brasil -
Fone: (0__55) 3332-0217
Fax: (0__55) 3332-0343
E-mail: editora@unijui.tche.br
Homepage: www.editoraunijui.com.br

Ao Conselho Nacional de Desenvolvimento Científico e Tecnológico (CNPq) agradeço o apoio com que vem contemplando a minha pesquisa.

SUMÁRIO

13 CONSTELAÇÕES. ACERCA DA RECEPÇÃO
DE NIETZSCHE NA AMÉRICA DO SUL
SCARLETT MARTON

19 INTERPRETAÇÃO: ARBITRARIEDADE OU
PROBIDADE FILOLÓGICA?
LUCÍA PIOSSEK PREBISCH

39 HOMEM E ESTILO EM NIETZSCHE
GERMÁN MELÉNDEZ

65 DISTINÇÕES EM TORNO DA FACULDADE
DE DISTINGUIR: O GOSTO NA OBRA
INTERMEDIÁRIA DE NIETZSCHE
KATHIA HANZA

87 NIETZSCHE POR HEIDEGGER:
CONTRAFIGURAS PARA UMA PERDA
MÓNICA B. CRAGNOLINI

103 DE NIETZSCHE A HEIDEGGER:
"VOLTAR A SER NOVAMENTE DIÁFANOS"
JOSÉ JARA

NOTA LIMINAR

A Coleção *Sendas & Veredas*, assim como os *Cadernos Nietzsche*, adota a convenção proposta pela edição Colli/Montinari das Obras Completas de Nietzsche. Siglas em português acompanham, porém, as siglas alemãs, no intuito de facilitar o trabalho de leitores pouco familiarizados com os textos originais.

I. Siglas dos textos publicados por Nietzsche:

I. 1. Textos editados pelo próprio Nietzsche:

GT/NT – *Die Geburt der Tragödie* (*O nascimento da tragédia*)
DS/Co. Ext. I – *Unzeitgemässe Betrachtungen. Erstes Stück: David Strauss: Der Bekenner und der Schriftsteller* (*Considerações extemporâneas I: David Strauss, o devoto e o escritor*)
HL/Co. Ext. II – *Unzeitgemässe Betrachtungen. Zweites Stück: Vom Nutzen und Nachteil der Historie für das Leben* (*Considerações extemporâneas II: Da utilidade e desvantagem da história para a vida*)
SE/Co. Ext. III – *Unzeitgemässe Betrachtungen. Drittes Stück: Schopenhauer als Erzieher* (*Considerações extemporâneas III: Schopenhauer como educador*)
WB/Co. Ext. IV – *Unzeitgemässe Betrachtungen. Viertes Stück: Richard Wagner in Bayreuth* (*Considerações extemporâneas IV: Richard Wagner em Bayreuth*)
MA I/HH I – *Menschliches allzumenschliches* (vol. 1) (*Humano, demasiado humano* (vol. 1))
MA II/HH II – *Menschliches allzumenschliches* (vol. 2) (*Humano, demasiado humano* (vol. 2))
VM/OS – *Menschliches allzumenschliches* (vol. 2): *Vermischte Meinungen* (*Humano, demasiado humano* (vol. 2): *Miscelânea de opiniões e sentenças*)

WS/AS – *Menschliches Allzumenschliches* (vol. 2): *Der Wanderer und sein Schatten* (*Humano, demasiado humano* (vol. 2): *O andarilho e sua sombra*)
M/A – *Morgenröte* (*Aurora*)
IM/IM – *Idyllen aus Messina* (*Idílios de Messina*)
FW/GC – *Die fröhliche Wissenschaft* (*A gaia ciência*)
Za/ZA – *Also sprach Zarathustra* (*Assim falava Zaratustra*)
JGB/BM – *Jenseits von Gut und Böse* (*Para além de bem e mal*)
GM/GM – *Zur Genealogie der Moral* (*Genealogia da Moral*)
WA/CW – *Der Fall Wagner* (*O caso Wagner*)
GD/CI – *Götzen-Dämmerung* (*Crepúsculo dos Ídolos*)
NW/NW – *Nietzsche contra Wagner*

I. 2. Textos preparados por Nietzsche para edição:

AC/AC – *Der Antichrist* (*O anticristo*)
EH/EH – *Ecce homo*
DD/DD – *Dionysos-Dithyramben* (*Ditirambos de Dioniso*)

II. Siglas dos escritos inéditos inacabados:

GMD/DM – *Das griechische Musikdrama* (*O drama musical grego*)
ST/ST – *Socrates und die Tragödie* (*Sócrates e a Tragédia*)
DW/VD – *Die dionysische Weltanschauung* (*A visão dionisíaca do mundo*)
GG/NP – *Die Geburt des tragischen Gedankens* (*O nascimento do pensamento trágico*)
BA/EE – *Über die Zukunft unserer Bildungsanstalten* (*Sobre o futuro de nossos estabelecimentos de ensino*)
CV/CP – *Fünf Vorreden zu fünf ungeshriebenen Büchern* (*Cinco prefácios a cinco livros não escritos*)
PHG/FT – *Die Philosophie im tragischen Zeitalter der Griechen* (*A filosofia na época trágica dos gregos*)
WL/VM – *Über Wahrheit und Lüge im aussermoralischen Sinne* (*Sobre verdade e mentira no sentido extramoral*)

EDIÇÕES:

Salvo indicação contrária, utilizamos as edições das obras do filósofo e de sua correspondência organizadas por Giorgio Colli e Mazzino Montinari. *Werke. Kritische Studienausgabe* (KSA). Berlim: Walter de Gruyter & Co., 1967/ 1978, 15V. *Sämtliche Briefe. Kritische Studienausgabe* (KSB). Berlim: Walter de Gruyter & Co., 1975/ 1984, 8V. Sempre que possível, recorremos à tradução de Rubens Rodrigues Torres Filho para o volume *Nietzsche – Obras incompletas*. São Paulo: Abril Cultural, 2ª. ed., 1978 (Coleção "Os Pensadores").

CONSTELAÇÕES
Acerca da recepção de Nietzsche na América do Sul

SCARLETT MARTON[*]

Constelações é uma boa palavra, quando se trata da recepção de Nietzsche na América do Sul. Constelações de maneiras de conceber e interpretar a filosofia nietzschiana, que não formam nem poderiam formar sistema, mas que revelam, em que pese a diferença de abordagens, pontos em comum. Dentre eles, mais do que uma vertente teórica precisa ou uma perspectiva determinada, cabe ressaltar o intuito de inscrever esse pensador tão controvertido no contexto do trabalho filosófico.

Na vida e na obra de Nietzsche, a América do Sul se faz presente de duas maneiras. Aparece, em maio de 1885, quando sua irmã Elizabeth se casa com o anti-semita notório Bernhard Förster e parte para o Paraguai. Então, ela insiste junto ao filósofo para que se reúna a eles, investindo suas

---
[*] Professora Titular de Filosofia Contemporânea da Universidade de São Paulo.

parcas economias no empreendimento que têm em mente. Planejam fundar uma colônia ariana: "La Nueva Germania". A colônia não vingou, o empreendedor acabou por suicidar-se e a viúva Förster voltou endividada à Alemanha. Mas, antes de ocorrerem tais desdobramentos, Nietzsche comenta numa carta de dezembro de 1885: "No fim das contas, não é tanto o Paraguai que me dá a impressão de ter perdido minha irmã. As opiniões de meu cunhado, pelas quais ele está pronto a viver e a morrer, são, para mim, mais estrangeiras ainda do que o Paraguai".

É que, fino psicólogo, Nietzsche sabe diagnosticar a doença que se manifesta através das atitudes sintomáticas do Dr. Förster. Nelas se expressa "aquele fanatismo da ânsia de poder". Já em 1881, na *Aurora*, ao examinar o sentimento de poder, faz ver que, no nível social e psicológico, ele implica múltiplos adversários, estando presente nas relações entre povos, nações, classes sociais, grupos de pessoas e mesmo indivíduos; não admite trégua nem prevê termo, de forma que não há nada que possa satisfazê-lo; e enseja com sua expansão o aparecimento de vencedores e vencidos, tornando assim possíveis as hierarquias. E, ao tratar da sociedade em que vive, voltada para o acúmulo de dinheiro, afirma que nela "se revela novamente aquele fanatismo da *ânsia de poder,* que em outros tempos foi inflamado pela crença de estar de posse da verdade, e que tinha nomes tão belos que se podia ousar ser desumano *com boa consciência* (queimando judeus, hereges e bons livros, e destruindo civilizações superiores como as do Peru e do México" (M/A § 204). É dessa maneira que faz a América do Sul comparecer em seus escritos.

Mas a recepção de um pensador passa também – e talvez até mais do que seria desejável – pelas instituições acadêmicas. Nos países sul-americanos, de modo geral, a filosofia esteve por muito tempo fortemente vinculada à teologia.

É o que ainda se verifica na Bolívia. E, em várias situações, vítima de injunções políticas, correu o risco de desaparecer da cena universitária. É o que parece ocorrer atualmente no Equador. Ainda hoje, são raros os cursos de pós-graduação em filosofia implantados na América do Sul. Tanto é que a formação dos estudiosos do pensamento nietzschiano que nela atuam se fez na Europa: na Espanha, por certo, mas de igual modo na Alemanha, na França, na Itália. Tais circunstâncias contribuíram para que surgissem constelações de Nietzsches.

De certa forma, é também um Nietzsche multifacetado aquele que se depara no Brasil. Contudo, a situação entre nós é inteiramente outra. O interesse crescente pelo pensamento nietzschiano, de um lado, transcende o público universitário, mas, de outro, se espraia pelos jovens estudantes. Se tal fato contribui para que apareça todo tipo de leitura, também concorre para que se enriqueça o confronto das interpretações. Em nosso país – não há como deixar de lembrar – há mais de trinta anos a pós-graduação em filosofia começou a estruturar-se. Por isso mesmo, se, de início, Nietzsche aparecia como objeto de curiosidades intelectuais avulsas, ele se converteu em tema e problema de estudos acadêmicos específicos no final da década de 70.

Bem mais, a partir desse momento, tornou-se possível um trabalho de formação, que teve e continua a ter efeito multiplicador. Exemplo disso é o GEN – Grupo de Estudos Nietzsche, que fundei junto ao Departamento de Filosofia da Universidade de São Paulo. Reunindo num primeiro momento pós-graduandos, hoje procura promover em todo o país a discussão acerca e a partir das questões colocadas pela filosofia nietzschiana. Para tanto, publica regularmente os *Cadernos Nietzsche* e os livros da Coleção *Sendas e Veredas* – iniciativa única no território sul-americano.

Nos países vizinhos, o estreito vínculo entre docência e pesquisa, marca e desiderato da universidade pública brasileira, nem sempre se faz presente. Na Argentina, por exemplo, não é raro que o professor universitário se veja obrigado a lecionar em diferentes faculdades, encarregando-se de diversos cursos que versam sobre temas variados. Tais circunstâncias dificultam, sem dúvida, o trabalho de pesquisa. Mais grave, porém, é a falta de interlocução que os estudiosos do pensamento nietzschiano nos diferentes países sul-americanos tiveram de enfrentar.

De fato, até o final da década de 80, nós e nossos vizinhos vivíamos num curioso estado de isolamento. Nós tivemos por interlocutores tradicionalmente a França, a Alemanha e, bem mais tarde, a Inglaterra e os Estados Unidos; nossos vizinhos, a Espanha – como era de se esperar. São recentes as iniciativas no sentido de implementar formas de interação entre os pesquisadores da América do Sul. Vale mencionar aqui o Congresso Sul-americano de Filosofia, que, com suas reuniões anuais organizadas a partir de um amplo espectro de temas, é sempre uma ocasião para avaliar nossas prioridades. Congressos, colóquios, encontros permitem conhecer de parte a parte as questões filosóficas com que se ocupam os estudiosos dos diversos países e discutir os trabalhos que vêm desenvolvendo. Além disso, propiciam que se estabeçam parcerias intelectuais e se fortaleçam vínculos institucionais.

Nessa direção, as publicações também desempenham o seu papel. É, pois, perseguindo o intuito de contribuir para a construção da comunidade filosófica na América do Sul, que hoje trago a público este volume.

* * *

Acham-se aqui reunidos ensaios de pesquisadores experimentados. Em diversas circunstâncias, procurei introduzi-los em nossa cena acadêmica. Alguns deles, aliás, passaram a integrar os debates que têm lugar em nosso país, sendo convidados a participar com certa regularidade dos eventos que por aqui se organizam. Estes seus textos foram os primeiros a aparecerem no Brasil; tive a satisfação de apresentá-los ao público brasileiro. Exemplar é o ensaio de Lucía Piossek Prebisch, com que se abre este livro. Introdutora dos estudos nietzschianos na Argentina, seus textos primam pela acuidade e perspicácia no trato das questões relativas à filosofia de Nietzsche. Representando esse mesmo país, comparece Mónica Cragnolini, que vem realizando na Universidade de Buenos Aires notável trabalho de formação e tem promovido com a organização das Jornadas Nietzsche a interlocução entre os estudiosos do filósofo. José Jara, por sua vez, que os acontecimentos políticos da década de 70 levaram a exilar-se, de volta ao Chile prossegue com as suas atividades de tradução e pesquisa. No Peru, Kathia Hanza vem desenvolvendo no contexto acadêmico importante investigação a respeito do pensamento nietzschiano. E, por fim, na Colômbia, Germán Melendez dedica-se há vários anos à pesquisa da filosofia de Nietzsche.

    Constelações assim se formaram e continuam a se formar. Elas reúnem estudiosos da América do Sul, através dos textos e traduções que publicam nos diferentes países e através dos trabalhos que apresentam nos congressos que neles se realizam.

INTERPRETAÇÃO: ARBITRARIEDADE OU PROBIDADE FILOLÓGICA?[*]

Lucía Piossek Prebisch[**]

Introdução

No centenário da morte de Nietzsche, em que se formou um vigoroso movimento de recordação desse pensador, muitos talvez se perguntem por que semelhante interesse, em todas as partes do mundo, por alguém que caracterizava a si mesmo como um "extemporâneo": "Há homens que nascem póstumos; eu sou um deles"; "Cheguei antes do tempo...". "Hoje, ninguém" – dizia – "me tem em conta, mas em um futuro não muito longínquo criar-se-ão cátedras para analisar meu *Zaratustra*".

---

[*] Artigo publicado em *Cadernos Nietzsche*, n. 12, 2002, p. 91-110. Tradução de Wilson Antonio Frezzatti Jr.
[**] Professora de Filosofia Contemporânea e fundadora do Instituto de História e Pensamento Argentinos na Faculdade de Filosofia e Letras da Universidade Nacional de Tucumán, Argentina.

O que entendia Nietzsche por extemporâneo? Neste caso, uma obra de pensamento como a sua, que não acha ressonância nem compreensão em seu tempo, mas que, seguramente, mais adiante as encontrará, pois é o fruto de um diagnóstico veraz e prospectivo.

O que acontece hoje com Nietzsche, o extemporâneo? É difícil encontrar um campo da cultura contemporânea que não tenha sido agitado profundamente por algumas de suas idéias. Hoje vemos que o filósofo alemão é requerido também para ilustrar ou justificar as mais diversas aventuras intelectuais. Ocorre que, gostemos ou não, ele continua sendo uma das chaves para compreender nosso mundo. Nietzsche, o "filósofo pássaro", que sobrevoa seu tempo e diagnostica seu mal como niilismo, ou seja, como a "paulatina perda de valor dos valores supremos"; Nietzsche, o "filósofo tatu",[1] que escava até chegar aos fundamentos "humanos, demasiado humanos" de nossa concepção ocidental moderna do mundo; Nietzsche, o "filósofo artista", que advoga por uma filosofia que recupere o valor do mundo sensível e que, ao mesmo tempo, promova uma espiritualização dos sentidos, e que instaure de modo criativo um novo cosmos de valorações: os três[2] tiveram uma influência incalculável e abrangente na cultura do século XX e tudo faz pensar que não a perderão no

---

[1] Nota do tradutor: O animal originalmente utilizado pela autora é a toupeira (em espanhol, *topo*). Preferimos utilizar outro animal escavador, o tatu, pois em português "toupeira" tem vários sentidos pejorativos de ampla difusão: pessoa de olhos pequenos e piscos; pessoa estúpida, muito curta de inteligência; entre outros. Um outro animal, a marmota, foi preterido pelo mesmo motivo: em grande parte do Brasil, conota "pessoa feia e mal-vestida".

[2] Sobre essa tripartição na atitude de Nietzsche ante a filosofia, cf. Piossek Prebisch, 1975.

século em que entramos. Nietzsche tinha razão no que proclamou como "filósofo pássaro" e no que está expresso em um aforismo póstumo que seus editores colocaram no início da compilação de fragmentos que batizaram *Vontade de potência:* "O que vou relatar é a história dos dois séculos que se aproximam. E descrevo o que vem, o que irremediavelmente virá: a *irrupção do niilismo.* Essa história já pode ser contada, pois se trata de um processo necessário".

I

Quero abordar um aspecto do pensamento nietzschiano que permaneceu durante muito tempo desconhecido sob o prestígio fulgurante de temas tais como o niilismo, o além-do-homem, a vontade de potência, o eterno retorno do mesmo. Refiro-me ao tema da linguagem e, concomitantemente, ao da interpretação. Daí o título de meu trabalho: *Interpretação: arbitrariedade ou probidade filológica?*

Começo recordando um breve texto de Foucault, em *Les mots et les choses,* pois economiza comentários:

(...) a reflexão filosófica manteve-se durante longo tempo afastada da linguagem. (...) prestava à linguagem somente uma atenção marginal; para ela, tratava-se sobretudo de eliminar obstáculos que podiam opor-se à sua tarefa; era necessário, por exemplo, liberar as palavras de conteúdos silenciosos que as alienavam, ou de liberar a linguagem e fazê-la, desde seu interior, flexível a fim de libertá-la das espacializações da inteligência e poder reproduzir assim o movimento da vida e sua duração própria. A linguagem entrou diretamente e por si mesma no campo do pensamento somente em fins do século XIX. Poder-se-ia mesmo dizer no século XX, se Nietzsche, o filólogo (...), não houvesse sido o primeiro a vincular a tarefa filosófica a uma reflexão radical sobre a linguagem. E é aqui que agora, neste espaço filológico-filosófico que Nietzsche abriu para nós, a linguagem surge com uma multiplicidade enigmática que é necessário dominar (Foucault, 1966, p. 316).

Até aqui, Foucault. E compartilho mesmo a opinião de um recente estudioso de Nietzsche, Lynch, quando sustenta que há um "antes" e um "depois" de Nietzsche em virtude de seu desvelamento dos problemas da linguagem como lugar natural da verdade. E poder-se-ia, nesse sentido, parafrasear Ricoeur quando, sob a aceitação do desafio da psicanálise, destaca o iludível do conhecimento da "tipologia" do psiquismo para uma filosofia da reflexão e diz que desconhecer tal desafio poderia conduzir a uma "ingenuidade pré-freudiana". Poder-se-ia, com efeito, prevenir contra uma "ingenuidade pré-nietzschiana", que consiste em crer que se pode continuar fazendo filosofia com o esquema e com as convicções básicas da metafísica e sem se submeter a esse grande desafio que implica o exame da metafísica no plano da linguagem (cf. Piossek Prebisch, 1987 e 1996). Sabemos que tal crítica, apresentada inicialmente por Nietzsche no póstumo de 1873 *Sobre verdade e mentira no sentido extra-moral* (cf. Nietzsche, 1987), pergunta-se "o que é uma palavra?" para responder que é uma "metáfora" – no alcance etimológico de transporte –, ou seja, uma inadequação originária com o pretensamente designado. Mais adiante, o exame crítico da metafísica estende-se desde esse plano semântico ao plano estrutural, gramatical ou sintático da linguagem.

É fácil ver que, sob esse tipo de exame, não se pode manter sem mais a confiada crença em um realismo lingüístico, segundo o qual nas palavras se encontra o verdadeiro saber acerca das coisas. A tal realismo lingüístico alude o aforismo 11 de *Humano, demasiado humano*, "A linguagem como pretensa ciência".

II

Como é previsível, essas afirmações de Nietzsche, anteriores ao Wittgenstein do *Tractatus* e às hipóteses de Sapir-Whorf, suscitaram questões que agora um pensamento sincero não pode evitar. Uma das formas de pensamento de nosso tempo que as aceitou – não sei se em todos os casos de modo consciente – é a atual hermenêutica, que parte da afirmação de que a realidade é interpretada lingüisticamente. Meu propósito aqui é levantar uma questão. Deixá-la aberta. A questão da interpretação e de sua arbitrariedade ou não. É, toda interpretação, uma interpretação arbitrária? Essa pergunta conecta-se evidentemente com questões que aqui não é possível abordar: é possível distinguir o relato de ficção do relato histórico? É possível, se tudo é interpretação, conjurar o perigo de estarmos condenados ao arbitrário? Assistiu-se, parece-me, a uma espécie de "inflação" do conceito de interpretação na linha da arbitrariedade.

A palavra interpretação – como noção relacional no conhecimento – foi impondo-se em substituição a essas famílias de palavras tais como adequação, concordância, conveniência, *ortotés*, próprias do conceito clássico de verdade. Gadamer afirmou, em um trabalho de seus *Kleine Schriften*, que com Nietzsche havia começado a carreira triunfal da palavra interpretação. Eu queria centrar-me em um aforismo póstumo que tem, em meu modo de ver, especial relevância.[3] Mas antes queria fazer uma observação, que me foi sugerida por uma extensa resenha de um livro de Figl, Interpretation als philosophische Prinzip. *Friedrich Nietzsches als universale Theorie der Auslegung in späten Nachlass* (cf. Stegmaier, 1985). Figl sustenta que a radicalidade do pensamento de Nietzsche está apenas sendo descoberta ainda; que, por exemplo, a atual hermenêutica apenas percebeu a importância da "interpretação como princípio filosófico"; que Nietzsche foi muito mais radical e mais conseqüente do que Gadamer e do que o jovem Heidegger na importância concedida ao tema da interpretação; e que Nietzsche não elaborou uma teoria hermenêutica explícita porque "sua filosofia em sua totalidade foi uma reflexão sobre a interpretação como processo básico e entendeu a si mesma como interpretação (*Auslegung*)".

Os mesmos conceitos já haviam sido expostos por Figl em seu trabalho "Nietzsche e a hermenêutica filosófica", publicado no número 10-11 de *Nietzsche-Studien:*

(...) os grandes teóricos da hermenêutica praticamente não levaram em conta nem acolheram as reflexões mais importantes de Nietzsche na direção de uma teoria da interpretação (Figl, 1981).

---

[3] Nietzsche. *Werke. Kritische Gesamtausgabe* (KGW) VIII-1 7 [60] do fim de 1886 / primavera de 1887 (Em *Wille zur Macht*, af. 481). Nota do tradutor: essa referência corresponde, na edição *Sämtliche Werke. Kritische Studienausgabe.* Hrsg G. Colli und M. Montinari. Berlin/Munique: Walter de Gruyter/DTV, 1988 (KSA), ao fragmento póstumo XII, 7 [60] do fim de 1886 / primavera de 1887.

Figl, no entanto, destaca Ricoeur, que, já em seu ensaio sobre Freud e em *O conflito das interpretações*, reconhece o fato de que com Nietzsche toda a filosofia chegou a ser interpretação.[4] Após esse breve excurso, volto ao aforismo, sem pretender, em princípio, participar da discussão minuciosa sobre a interpretação em geral. Recordo qual é meu propósito: no mencionado aforismo, temendo que sua crítica à metafísica tradicional pudesse ser confundida com a atitude antimetafísica do positivismo ao estilo de Comte, Nietzsche quer deixar claro que uma diferença radical o separa daquele. Trata-se do aforismo que inclui uma frase que, isolada do contexto, alcançou grande repercussão em nossos dias, não somente no campo dos debates filosóficos. É o seguinte:

> Contra o positivismo, que permanece no fenômeno "há somente *fatos*", eu diria: não, precisamente fatos não há, somente interpretações (*Interpretationen*). Não podemos comprovar nenhum *factum* "em si": talvez seja um disparate querer algo semelhante. "Tudo é subjetivo", dizeis vós: mas isso já é uma interpretação (*Auslegung*); o "sujeito" não é algo dado, mas algo fictício, incorporado, posto sub-repticiamente por detrás. Mas, por acaso, é necessário colocar o intérprete por detrás da interpretação? Isso já é poesia (*Dichtung*), hipótese.

---

[4] Poder-se-ia mencionar o livro de Granier, tese realizada sob a orientação de Ricoeur, *Nietzsche et le probléme de la vérité*, cuja proposição é que a filosofia de Nietzsche deveria ser designada "filosofia do ser interpretado" (cf. Granier, 1966).

À medida que, em geral, a palavra "conhecimento" adquire um sentido, o mundo é cognoscível; porém é *interpretável* (*deutbar*) de distintas maneiras, não tem um sentido por detrás de si mas inúmeros sentidos. "Perspectivismo".

São nossas necessidades *que interpretam o mundo:* nossas necessidades e seus prós e contras. Cada impulso é uma espécie de afã de domínio, cada um tem sua perspectiva, aquela que ele desejaria impor como norma aos impulsos restantes (XII, 7 [60]).

Como esse aforismo contém uma expressão que, arrancada do contexto, alcançou grande prestígio em nossos dias, convém fazer um breve exame do texto completo.[5]

Em primeiro lugar, o aforismo tem um destinatário expresso: o positivismo, o positivismo da segunda metade do XIX. Esse opõe os "fatos" às veleidades metafísicas e, com isso, dá prioridade a uma realidade objetiva que seria verdade sem o homem; confia nos fatos, perceptíveis aos sentidos, sentidos que proporcionariam a verdadeira realidade frente, por exemplo, à ilusão e que permitiriam um conhecimento objetivo.

Ante essa convicção, o aforismo diz: "fatos não há, somente interpretações". Esta é uma das passagens em que "faz sua entrada triunfal a palavra interpretação". Esta é uma palavra que expressou originalmente a relação mediadora de uma pessoa junto a duas outras que falavam línguas distintas; portanto, função de tradutor. Depois foi aplicada à deci-

---

[5] Acredito que com essa afirmação desprendida do conjunto ocorre o mesmo que em *Os irmãos Karamazov,* quando uma das personagens chega a esta conclusão: se Deus está morto, tudo é permitido. Em nosso caso seria: se tudo é interpretação, tudo é arbitrariedade.

fração de textos intrincados, difíceis. E quando, em nosso tempo, a linguagem mostra sua condição de mediação predeterminante, a palavra interpretação ocupa na filosofia uma posição central. É o que ocorre em Nietzsche. "A carreira triunfal dessa palavra começou com Nietzsche" – diz Gadamer – "e passou a ser de certo modo um desafio a qualquer tipo de positivismo". Faço a advertência de que esse fragmento póstumo não é de modo algum o único em que aparece, nessa situação, a palavra interpretação. A escolha deu-se pela frase que contém, a qual, como disse, alcançou uma difusão inusitada. E também porque nele se utilizam três palavras sinônimas: *Auslegung, Deutung, Interpretation.*

E, se não há objetividade no sentido de captação dos "fatos", deve-se deduzir que tudo é subjetivo? Que, se não é objetivo, é relativo a um sujeito? Que interpretação é, portanto, sinônimo de algo meramente subjetivo, e este, de arbitrário? Ou seja, algo relativo a nosso modo caprichoso e particular de sentir e de pensar e não algo relativo ao "objeto" mesmo?

Nietzsche quer eliminar também de modo radical essa maneira de concluir. Isso é indubitável se lemos o texto do aforismo a partir da óptica de uma grande quantidade de fragmentos, sobretudo póstumos, acerca da realidade e do conceito de sujeito, o nome moderno da substância. O que é sujeito? Sujeito ou eu, dentro da tradição moderna cartesiana, é, para Nietzsche, precisamente um *não-sujeito,* ou seja, uma não-substância. O sujeito – dito antes de Wittgenstein e com ressonâncias de Hume – é uma "ficção" (cf. Rojo, 1997). Ficção construída por necessidades da vida que, seguindo um movimento geral do pensar ou do conhecer, imobiliza o mutável e simplifica o múltiplo. O eu-sujeito seria, no que concerne a nossa vida interior, resultado desse movimento duplo e simultâneo, que dá lugar a uma interpretação inconsciente. Por outro lado, esse eu estável e uno responde a um esquema lingüístico gramatical, já assinalado por Platão em *O sofista,* que consiste em atribuir a uma ação um agente. A única descoberta de Descartes teria sido, portanto, a ação de pensar; o hábito gramatical o teria levado sub-repticiamente a atribuir a tal ação um agente: o eu, como entidade substancial.

Não há fatos, mas somente interpretações. Se não há eu ou sujeito, quem é o intérprete? Porém, esse modo perplexo de perguntar não implica já o mencionado esquema-hábito gramatical em nós?

E aqui tocamos em um ponto crucial. A expressão "fatos não há, somente interpretações", foi entendida espontaneamente da seguinte maneira: não há fatos, há somente interpretações, tudo é relativo à atividade arbitrária de um sujeito. E posso dizer que esse modo de ver, como muitos outros procedentes da filosofia, excedeu o limite da filosofia acadêmica. Tenho observado que uma das inquietações que se estão desenhando como próprias do pensamento atual é a de conjurar o engano do arbitrário.[6] E não somente por um interesse teórico, mas atendendo às possibilidades de convivência e de entendimento (e até de sobrevivência) em um mundo globalizado.

Mas voltemos ao aforismo. Permanece em pé a questão. Se não é um sujeito, o eu humano o que interpreta, qual é o poder interpretante?

---

[6] É o que, um tempo depois de redigir estas linhas, advirto ser *o* problema de Umberto Ecó, a raiz da incitação, à qual deu lugar seu livro *Opera aperta,* para acentuar em excesso a *intentio lectoris* por sobre a *intentio auctoris* e em particular a *intentio operis.* Cf. especialmente Eco, 1992 e 1995.

O mundo é cognoscível. Mas essa afirmação deve ser manipulada com pinças. É cognoscível se entendemos conhecimento como interpretação. E é interpretação porque o conhecimento é uma força da vida destinada basicamente a nos manter nela. É um aparato de simplificação e de estabilização do múltiplo e do variável. E há inúmeras maneiras de interpretar, que respondem à perspectiva em que se acha cada ser vivo e, em especial, o ser vivo humano cuja característica é possuir múltiplos impulsos, e estes carentes de uma hierarquização dada pela natureza. Não é imprescindível para que isso ocorra — para interpretar — contar com a atividade consciente.

São nossas necessidades vitais (*Bedürfnisse*) que interpretam o mundo. Já sabemos que as duas necessidades vitais ou impulsos fundamentais da vida são as de conservação e de crescimento. Entre o a conhecer e o conhecido, interpõem-se essas necessidades vitais, que desconhecem, em princípio, *a arbitrariedade da autoconsciência*. Isso tem uma fundamental importância, pois atenua o alcance da arbitrariedade.

Ao vincular-se interpretação às necessidades vitais, a palavra interpretação deixa de ser – como a compreensão em *Ser e tempo* – um modo contingente da atividade humana. O homem *é* no mundo interpretando.[7]

---

[7] Mais adiante teria que fazer a distinção entre interpretação inconsciente – similar à retórica inconsciente que destaca Lynch – e interpretação consciente. E, por conseguinte, a consciente de que é interpretação, com tudo o que ela significa (cf. Lynch, 1993).

III

Mas nesse labor de interpretação, entre uma realidade e nosso conhecimento dela, destaca-se a linguagem, esse eficacíssimo instrumento para unificar e estabilizar o caos de nossas experiências do vir-a-ser.

Quando a linguagem se explicita como tal, aparece como a mediação primária para o acesso ao mundo. (...) O mito da autocerteza, que em sua forma apodítica passou a ser a origem e a justificação de toda validade, e o ideal de fundamentação última que o apriorismo e o empirismo disputam perdem sua credibilidade ante a prioridade e o iludível do sistema de linguagem que articula toda consciência e todo saber. Nietzsche ensinou-nos a duvidar da fundamentação da verdade na autocerteza da própria consciência. (...) O mundo intermediário da linguagem aparece *frente às ilusões da autoconsciência* e frente à ingenuidade de um conceito positivista dos fatos como a verdadeira dimensão da realidade (Gadamer, 1994, v. II, p. 327).

E a hermenêutica de Gadamer insistiu permanentemente no fato de que vivemos em um mundo interpretado, interpretado lingüisticamente. Nisso coincidiu com Nietzsche. Mas convém recordar que nesse último a palavra interpretação tem uma extensão desconhecida na hermenêutica de um Gadamer, por exemplo.

Nietzsche descobre a interpretação até mesmo no processo configurador do orgânico. Um aforismo póstumo, que na edição de *Vontade de potência* leva o número 643, tem como título "A vontade de potência *interpreta*", e nele se afirma "Em verdade a interpretação é ela própria um meio para chegar a assenhorear-se de algo. (O processo orgânico supõe um contínuo *interpretar*)". Ou seja, a expressão interpretação alcança uma extensão similar àquela de pensar. Recordo aqui aquele aforismo em que se faz retroceder o pensar, enquanto poder que impõe formas, até ao processo de constituição geométrica dos cristais.

Penso que a equiparação "interpretação = arbitrariedade" começa a desvirtuar-se ou a perder sua aparente simplicidade inicial ao se ter em conta a noção de uma atividade interpretante pré-consciente, pré-lingüística, atividade fruto da necessidade vital, dos poderes mediadores, transcendentes no fundamental ao capricho e ao arbítrio humano individual.

Se dessa noção tão ampla de interpretação ficamos com uma de suas formas, a consciente, ou seja, passamos a uma noção mais estreita, lingüística, e dentro desta, mais estreitamente ainda, à interpretação como labor de um filólogo ante um texto escrito fixado, advertimos que essa última, a do filólogo, erige-se no modelo de interpretação em seu mais amplo alcance.

IV

Creio que vale a pena nos determos um pouco em nosso intento de conjurar a indistinção entre interpretação e arbitrariedade. Nietzsche prevenia-nos contra modos de conceber o mundo, todos antropomórficos. O tão conhecido parágrafo 109 de *A gaia ciência* previne-nos, até com crueldade, acerca de tais modos de compreendê-lo: como um cosmos, como um organismo, como um mecanismo, como um conjunto regido por leis fixas.

Guardemo-nos! – Guardemo-nos de pensar que o mundo seja um ser vivo. Para onde se expandiria? De onde se alimentaria? Como poderia crescer e multiplicar-se? Sabemos aliás, mais ou menos, o que é o orgânico: e haveríamos de interpretar o indizivelmente derivado, tardio, raro, contingente, que é só o que percebemos sobre a crosta da Terra, como o essencial, o universal, o eterno, como fazem aqueles que denominam o todo um organismo? Isso me repugna. Guardemo-nos desde já de acreditar que o todo seja uma máquina; ele certamente não foi construído visando a um alvo, com a palavra "máquina" prestamos a ele uma honra alta demais. Guardemo-nos de pressupor algo tão perfeito em sua forma, como os movimentos cíclicos de nossas estrelas vizinhas, em geral e por toda parte; já um olhar à via-láctea faz emergir dúvidas, se não há ali movimentos muito mais rudimentares e contraditórios, e igualmente estrelas com eternas trajetórias cadentes em linha reta e coisas semelhantes. A ordem astral em que vivemos é uma exceção; essa ordem e a relativa duração que é condicionada por ela possibilitaram, por sua vez, a exceção das exceções: a formação do orgânico. O caráter geral do mundo é, ao contrário, por toda a eternidade, o caos, não no sentido da falta de necessidade, mas da falta de ordem, articulação, forma, beleza, sabedoria, ou como se chamem todos esses humanismos estéticos. (...) Mas como poderíamos censurar ou louvar o todo! Guardemo-nos de lhe imputar falta de coração e irrazão ou seus contrários: ele não é perfeito, nem belo, nem nobre, e não quer tornar-se nada disso, nem sequer se esforça no sentido de imitar o homem! E nem é atingido por nenhum de nossos juízos estéticos e morais! Também não tem um impulso de autoconservação nem em geral qualquer impulso; também não conhece nenhuma lei. Guardemo-nos de dizer que há leis na natureza. Há somente necessidades: nela não há ninguém que mande, ninguém que obedeça, ninguém que transgrida. Se sabeis que não há fins, sabeis também que não há acaso: pois somente ao lado de um mundo de fins a palavra "acaso" tem um sentido.

No entanto, o mundo não é tão caótico, como assinala Nietzsche: recorde-se de passagem que o caos, em sua concepção, não é a ausência total de necessidade, mas de traços antropomórficos. O mundo não é nem cosmos de beleza e de harmonia, nem um todo submetido a uma legalidade racional, nem um organismo, nem um mecanismo. Ante tais atribuições de sentido ao mundo, Nietzsche nos alerta com pontos de exclamação. Pergunto-me, porém, não teríamos também que nos precavermos de conceber o mundo como ... texto?

Texto urdido e tecido pela linguagem? Fixado e classificado pelas designações e pelos conceitos? (cf. WL/VM). Texto articulado e estruturado dinamicamente pela sintaxe e pela gramática? Permito-me recordar novamente dois tipos de escritos de Nietzsche chaves nesta questão: o póstumo de 1873 e alguns aforismos da década de 80, nos quais se põe manifesta uma ordem no mundo estabelecida pela linguagem, conquanto tal ordem receba uma valoração negativa como uma coação do pensamento. Evidentemente, entre isso e o mundo como todo lingüisticamente interpretado de Gadamer, não há substancial distância.[8]

---

[8] Muito grande, no entanto, considerando a valoração da linguagem ou como coação do pensamento, ou como fator de liberdade, como assinalei em "Pensar y hablar" (cf. Piossek Prebish, 1996).

Se for assim, parece reaparecer aqui, em uma nova versão, uma velha e venerável idéia: a do "livro" da natureza ou do mundo. É certo que explícita e precisamente não a achamos em Nietzsche nem em Gadamer. Mas, o que significa dizer que o mundo está articulado lingüisticamente? Que a idéia do mundo-livro é uma idéia velha e venerável, pode-se apreciar já em Santo Agostinho. Nele teria origem a teoria dos dois livros: a Escritura Sagrada e o livro da natureza; o autor de ambos seria Deus. Essa idéia reaparece com freqüência na tradição agostiniana da Idade Média com um sentido eminentemente teológico. Esse sentido teológico do livro da natureza experimenta, no começo da Idade Moderna, uma mudança importante. Se bem que não perca de todo o caráter teológico, um outro caráter é mais acentuado, posteriormente chamado científico-natural. Desse modo, por exemplo, Bacon; e Galileu, que vai em direção dos averroístas em defesa de uma origem única dos dois livros, da palavra de Deus, a fim de neutralizar a doutrina da excisão entre fé e saber. Também para Galileu o livro da natureza ou do mundo foi escrito por Deus, porém em linguagem matemática. No próprio *Discurso do método,* acha-se claramente a idéia, quando Descartes, no momento em que quer desprender-se do ensinamento de seus preceptores, decide não buscar outra verdade que aquela que pode achar em si mesmo e no "grande livro do mundo" (cf. Nobis, s./d.). A idéia desse livro do mundo vai-se debilitando ao longo da Idade Moderna.

O sentido da idéia renascida – no meu modo de ver – em Nietzsche e na hermenêutica não é o teológico, como em Santo Agostinho e nos agostinianos medievais, nem científico-natural – ainda que sem perder totalmente seu ingrediente teológico –, como em Descartes e Galileu. Com que sentido – se é que resulta em algo sustentável o que digo – apresentar-se-ia em um Nietzsche e em um Gadamer a velha idéia do livro do mundo? Em um sentido histórico-cultural. Livro, ou melhor, texto, escrito pelas experiências dos homens no decorrer do tempo, não mais pelo dedo de Deus (Hugo de Saint Victor), nem em linguagem matemática, mas pelas experiências histórico-culturais, em uma linguagem basicamente comum. Sobre a qual, eventualmente, a ciência e a filosofia podem pôr também, certamente, sua quota com seus termos especiais.

Assim como arrisquei a idéia de que a interpretação não é igual à arbitrariedade, pelo fato de ser a interpretação relacionada com "necessidades" vitais, agora me arrisco a dizer que essa idéia do mundo-texto, surgida de uma experiência filológica, mostra-nos outras limitações dessa equação inquietante. O que é o texto? O texto é um momento dentro de um processo de compreensão, que exige a interpretação. É algo ininteligível fora de um processo de compreensão e recriação interpretativa.

Tragamos à comparação nossa experiência de professores com o que se chama texto. Texto é aquilo a que nos remetemos como ponto de referência para glosas, comentários, explicações, etc. A um estudante que começa a se desviar na exposição de um tema, pede-se que se remeta ou que se limite ao texto. De Platão, de Aristóteles, etc. O que significa isso? Acaso não significa que o texto se faz, às vezes, ponto de referência obrigatório para a interpretação? Que, como o demônio socrático, é mais o que evita dizer do que o que incita a dizer? Que, como o demônio socrático, alerta-nos silenciosamente quando nossa interpretação se desvia?

Além disso, não é algo dado e que se sustenta por si mesmo. É produto humano e seu ser próprio de texto requer a interpretação. Não existe, enquanto texto, fora de um processo de compreensão e de recriação interpretativa. Foi feito para isso. O elo mais elementar de tal processo é a leitura. É

ininteligível sem o processo de interpretação. Ou de interpretações... de modo necessário, como se mostra mais claramente no texto de uma lei que supõe e implica uma jurisprudência. Não é algo dado que se valha por si mesmo; mas é internamente tramado, entretecido, com coerência interna, que opõe tácita resistência ao capricho da interpretação. A menos que se trate da interpretação deliberadamente transgressora, em geral raiz da arte.
Voltemos ao texto do mundo. Do mundo fixado, interpretado e estruturado dinamicamente pelas designações e pela sintaxe, quem é o autor do texto? O texto é uma obra coletiva e como tal impõe regras de jogo intersubjetivas de interpretação. Não somente, pois a intersubjetividade dialógica – a lógica da pergunta e da resposta, de Gadamer, por exemplo – é o que impõe limites à arbitrariedade e o que implica a eliminação dialética do arbitrário. Começa por impôlos a trama mesma do "texto".
Certamente, "fatos não há, somente interpretações..." Contudo, interpretações requeridas por um texto que, com certeza, segue sendo gerado e que é e que segue sendo o precipitado de uma decantação em um processo histórico coletivo.[9]
Talvez, levando a sério essa idéia do mundo como texto, também se possa resolver a inquietante alternativa deixada em suspenso por Nietzsche: o que é interpretação? É uma imposição arbitrária de sentido ou é uma descoberta de sentido? Impomos o sentido? Ou então o descobrimos pela probidade filológica (*Rechtschaffenheit*)? Os escritos de Nietzsche

---

[9] Há uma indissolúvel relação entre texto e interpretação, que não há, por exemplo, entre organismo e interpretação ou entre máquina e interpretação. Organismo e máquina, que foram veneráveis metáforas do mundo.

dão suporte para responder em favor tanto de uma quanto de outra das maneiras de conceber a interpretação, tanto do ponto de vista *auctoris* quanto do ponto de vista *lectoris*. Tanto é a imposição de sentido – a *Wille zur Macht* interpreta – quanto o exercício da "probidade filológica", que pretende atravessar os estratos de interpretações que encobrem as necessidades vitais às quais eles, a seu tempo, responderam. Porém, a probidade filológica parece exigir uma "coisa em si", fora da linguagem, como pauta da fidelidade de seu modo de proceder.

Penso, no entanto, que levar a sério a renovada idéia do mundo como texto tem uma grande vantagem frente às outras concepções do mundo do parágrafo 109 de *A gaia ciência*. Entre o conhecer-interpretar e o mundo como ordem e como cosmos legal, entre o conhecer-interpretar e o mundo como organismo, entre o conhecer-interpretar e o mundo como mecanismo, produz-se um salto entre a interpretação e seu "objeto", produz-se "um salto de uma esfera a outra". O mundo como texto, todavia, resulta ser da mesma substância que o interpretante. Sua própria substância, para o homem ao menos, é interpretação.

Quero dizer que conceber o mundo como texto nos permitirá, talvez, recuperar uma condição da racionalidade[10] e resgatar uma diferença entre interpretação e arbitrariedade: tal condição da racionalidade é a natureza similar do interpretante e do interpretado ou, para usar expressões mais convencionais e inadequadas, do "cognoscível" e do "conhecido".

---

[10] Acerca da questão da racionalidade na hermenêutica, cf. Berti, 1994, um importante trabalho.

HOMEM E ESTILO EM NIETZSCHE[*]

GERMÁN MELÉNDEZ[**]

Durante suas últimas oito semanas de lucidez, Nietzsche trabalha num escrito que com o título de *Ecce homo* deveria aplainar o terreno para a publicação de uma obra planejada com o título *A transvaloração dos valores*. Recém completados seus 44 anos e acometido *in media vita* de um inigualável sentimento de plenitude e gratidão,[1] Nietzsche decide se entregar à "tarefa extremamente difícil de contar a mim mesmo meus livros, minhas opiniões (...) enfim, me contar minha vida".[2] Nietzsche se encontra convencido da necessidade de chamar a atenção sobre sua pessoa e assim o faz saber nas primeiras linhas do "Prólogo" a *Ecce homo*: "Na antevisão de que

---

[*] Artigo publicado em *Cadernos Nietzsche*, n. 11, 2001, p. 13-39. Tradução de Sandro Kobol Fornazari.

[**] Professor da Universidade Nacional da Colômbia.

[1] Veja-se a respeito a epígrafe que, de próprio punho e letra, Nietzsche intercala entre o "Prólogo" e o primeiro capítulo de *Ecce homo*. Compare-se também a carta a Naumann de 6 de novembro.

[2] Carta a Constantin G. Naumann de 6 de novembro de 1888.

dentro em breve terei de me apresentar à humanidade com a mais difícil exigência que jamais lhe foi feita, parece-me indispensável dizer *quem sou eu*. No fundo se poderia sabê-lo, pois não me 'deixei sem testemunho'. A desproporção, porém, entre a grandeza de minha tarefa e a pequeneza de meus contemporâneos, alcançou sua expressão no fato de que nem me ouviram, nem sequer me viram. Vivo de meu próprio crédito (...). Nessas circunstâncias há um dever, contra o qual se revolta, no fundo, meu hábito, e mais ainda o orgulho de meus instintos, ou seja, de dizer: *Ouçam! pois eu sou tal e tal. Não me confundam, sobretudo!*" (EH/EH, Prólogo, § 1).[3]

"Quem sou eu?" pergunta-se Nietzsche para em seguida responder: "No fundo se poderia sabê-lo, pois não me 'deixei sem testemunho'". Nietzsche não pode estar se referindo aqui a outra coisa que a seus escritos previamente publicados. Parece então estar convidando a que de início desfaçamos, para seu caso, a habitual distinção entre o pensador e o homem, o autor e a pessoa. Quem é Nietzsche? Sua resposta pareceria ser: "Eis (já) ali as obras, eis ali o homem". Ainda mais, Nietzsche destaca que tal evidência *poderia*, em princípio, já ter sido suficiente testemunho de si.[4]

---

[3] Em relação aos trechos citados de Nietzsche, demos preferência em transcrever as traduções de Rubens Rodrigues Torres Filho (Abril Cultural, Coleção "Os Pensadores") ou de Paulo César de Souza (Cia. das Letras). Contudo, quando havia quaisquer diferenças, em palavras ou expressões, que pudessem comprometer a argumentação do autor, optou-se por verter para o português a tradução feita pelo próprio autor (o mesmo vale para os casos em que não existem tais traduções disponíveis em português). (NT).

[4] Certamente, no final de 1888, quer dizer, aos seus 44 anos e pouco antes do colapso que interromperia definitivamente sua vida como escritor, Nietzsche bem podia declarar, no momento de redigir estas linhas,

Não é óbvio à primeira vista que os escritos de um autor tenham que se interpretar como testemunho de sua pessoa. Muitos autores (e também muitos intérpretes falando em seus nomes) insistem, ao contrário, na necessidade de separar claramente o homem da obra. Por ponderadas razões que ele mesmo se encarrega de aportar, Nietzsche não era nem esse tipo de intérprete, nem esse tipo de autor.[5] Pode-se observar, por exemplo, o que como intérprete ele disse daqueles autores que costumamos incluir no gênero filosofia.[6] Nietzsche insiste em que neles a filosofia emerge do mais "pessoal": de

---

que havia dado amplo testemunho de si em sentido literário. Havia escrito dez obras que, seja dito de passagem, *Ecce homo* comenta com seus leitores uma atrás da outra em dez partes que integram o soberbo capítulo "Por que escrevo livros tão bons". Valha dizer que a outra metade de *Ecce homo* não deixa de ser em grande parte um comentário aos seus escritos, às vezes geral, às vezes pormenorizado, ainda com a licença de um tratamento não seqüencial. Às obras comentadas nesta estranha autobiografia que é *Ecce homo* teríamos de agregar outros três escritos que Nietzsche não chega a comentar nela mas que chega a dar por concluídos e enviar à prensa antes de finalizado o prolífico ano de 1888: *O anticristo, Ditirambos de Dioniso, Nietzsche contra Wagner*.

[5] A despeito duma indicação em *Ecce homo* que pareceria dizer o contrário: "uma coisa sou eu, outra são meus escritos." (EH/EH, Por que escrevo livros tão bons, § 1). Não creio que esta oração deva ser entendida como dizendo: uma coisa sou eu e outra coisa *muito diferente* são meus escritos. Uma tradução mais literal do texto alemão é: "um sou eu, outro são meus escritos" (*Das Eine bin ich, das Andere sind meine Schriften*). No contexto do que Nietzsche se propôs a fazer em *Ecce homo* (uma apresentação ou relato de si mesmo) esta oração deve significar que seus escritos são (a outra) parte *complementar* do que é sua pessoa.

[6] "Gradualmente se foi revelando para mim o que toda grande filosofia foi até o momento: a autoconfissão (*Selbstbekenntnis*) de seu autor, uma espécie de *memoires* [memórias] involuntárias e inadvertidas (...)." (JGB/BM § 6).

seu corpo e, mais concretamente, da saúde ou da enfermidade do mesmo.[7] Nietzsche não concebe a si mesmo como uma exceção no tocante a esta relação entre a filosofia e o corpo como o mais pessoal. Pode-se citar, com efeito, o que ele mesmo indica acerca da conexão de suas obras com seu próprio oscilar entre a enfermidade, a convalescença e a saúde. No "Prólogo" à *Gaia ciência*, referindo-se a si mesmo, escreve: "Um filósofo que passou por muitas saúdes, e que sempre passa de novo por elas, também atravessou outras tantas filosofias: nem *pode* ele fazer de outro modo, senão transpor cada vez seu estado para a forma e distância mais espirituais – essa arte de transfiguração é justamente filosofia. Nós filósofos não temos a liberdade de separar entre alma e corpo (...) e menos ainda temos a liberdade de separar entre alma e espírito. Não somos rãs pensantes, nem aparelhos de objetivação e máquinas registradoras com vísceras congeladas – temos constantemente de parir nossos pensamentos de nossa dor e maternalmente transmitir-lhes tudo o que temos em nós de sangue, coração, fogo, prazer, paixão, tormento, consciência, destino, fatalidade." (FW/GC, Prólogo, § 3).[8]

---

[7] Veja-se FW/GC, Prólogo, § 2. Também XI, 36 [36].

[8] Nietzsche se pergunta se "a filosofia até agora não foi em geral somente uma interpretação do corpo e um *mal-entendido sobre o corpo*" (FW/GC, Prólogo, § 2). Entenda-se aqui o genitivo não só como genitivo objetivo mas sim como genitivo subjetivo. Quer dizer, entenda-se aqui o corpo não simplesmente como o que é objeto de interpretação mas sim como aquilo mesmo que interpreta. O corpo se interpreta a si mesmo na linguagem do espírito. É o corpo "quem" filosofa (cf. Za/ZA, Dos desprezadores do corpo: "por trás de teus pensamentos e sentimentos, meu irmão, se encontra um soberano poderoso, um sábio desconhecido – chama-se si-mesmo. Em teu corpo habita, é teu corpo."). O corpo é o autor. E pode haver por acaso algo mais "pessoal" que o corpo e suas necessidades? De fato, Nietzsche se refere ao corpo como "o si-

Nietzsche tem, pois, suas razões para rechaçar a separação entre espírito e corpo e, portanto, entre autor e homem.[9] Sejam quais forem estas razões, o certo é que, desde o primeiro até o último, cada um dos escritos de Nietzsche porta um inconfundível e indelével "selo pessoal" como não podem deixar de reconhecer todos seus leitores, tanto os que se sentem atraídos como os que se sentem repelidos por ele. Isto se

---

mesmo" (*das Selbst*) privando deste qualificativo ao eu, o qual Nietzsche vê definido pela superfície da consciência. (Za/ZA, Dos ultramundanos). No entanto, o corpo careceu da autotransparência, da veracidade que lhe permita se reconhecer como o verdadeiro "autor". Comporta-se como um ventríloquo que crê escutar a voz do Ser sem reconhecer que se trata de sua própria voz, da linguagem visceral de seu apetite (*ibid.*).

[9] Seguindo Nietzsche neste ponto, poder-se-ia tentar inclusive uma breve "genealogia", uma breve reflexão crítica acerca da origem da separação entre autor e pessoa. Tal reflexão detectaria em última instância que esta separação tem sua origem justamente naquela mesma falta de veracidade que, segundo Nietzsche, se encontra escondida tanto na moral quanto na arte, na filosofia e, em geral, na vida inteira do espírito. Veja-se o comentado na nota anterior acerca da falta de veracidade.

A falta de veracidade dos filósofos volta a ser tema, ainda que em termos um pouco diferentes, em *Para além de bem e mal*. Na seção intitulada "Dos preconceitos dos filósofos" encontramos: "O que leva a considerar os filósofos com olhar meio desconfiado, meio irônico (...) é (...) que não se mostrem suficientemente íntegros, enquanto fazem um grande e virtuoso barulho tão logo é abordado, mesmo que de leve, o problema da veracidade (*Wahrhaftigkeit*). Todos eles agem como se tivessem descoberto ou alcançado suas opiniões próprias pelo desenvolvimento autônomo de uma dialética fria, pura, divinamente imperturbável (...) quando no fundo é uma tese adotada de antemão, uma idéia inesperada, uma intuição, em geral um desejo íntimo tornado abstrato e submetido a um crivo, que eles defendem com razões que buscam posteriormente – eles são todos advogados que não querem ser chamados assim, e na maioria defensores manhosos de seus preconceitos, que batizam de 'verdades' – estando muito longe de possuir a coragem da

explica não tanto pelas ocasionais (ou, comparativamente, talvez não tão ocasionais) referências *expressas* a sua pessoa, como pelo fato de que cada um de seus escritos exibe um *estilo*.[10] Entenda-se daqui por diante por estilo, para usar uma definição de cabeceira, "a forma individual como o autor dá expressão lingüística a sua particular visão de mundo".[11] Pois bem, neste ponto se poderia fazer eco à conhecida sentença: "o estilo é o homem". E bem se poderá dizer, como veremos, que para Nietzsche a grandeza do primeiro radica na grandeza do segundo. Contudo, dizer "o estilo é o homem", tomado por si só e utilizado sem as devidas reservas, resulta vago demais para que se corra de imediato o risco de confundir o caso de Nietzsche com o de outros ou de todos os outros. Pois poder-se-ia querer interpretar esta sentença de tal maneira que fosse possível dizer que todo homem tem indefectivelmente *seu* próprio estilo. Isso pareceria derivar da

---

consciência (*Gewissen*) que admite isso, justamente isso (...)" (JGB/BM § 5). No que diz respeito àquele olhar desconfiado que Nietzsche lança aos filósofos, convém acrescentar que Nietzsche mesmo incita ao leitor a lançar tal olhar sobre sua própria filosofia: "Quero suscitar a máxima desconfiança com respeito a mim mesmo: só falo de coisas *vividas* e apresento não só coisas que acontecem na cabeça." (XI, 27 [77]). "Meus escritos falam apenas de minhas próprias vivências – afortunadamente experimentei muitas coisas –: estou nelas de corpo e alma – para que ocultar isso?" (XII, 6 [4]). Compare-se VM/OS, Prefácio, § 1.

[10] O tema do estilo é um dos mais recorrentes de Nietzsche como intérprete de sua própria obra. Encabeçando o primeiro dos tomos da edição alemã de seus escritos inéditos juvenis, encontra-se uma primeira autobiografia escrita na terna idade dos 14 anos. Ali encontramos Nietzsche comentando seus escritos os quais já divide, segundo o estilo, em três períodos (Nietzsche, 1994, p. 1-32).

[11] Frank, 1992, p. 11.

legítima compreensão do estilo como algo irredutivelmente individual, somada à ligeira suposição de que *todo* homem porta indefectivelmente desde sempre e para sempre o selo do irredutivelmente individual. No entanto, uma das particularidades do pensamento de Nietzsche está em conceber a individualidade como algo que, se tanto, arduamente se ganha e se conquista, algo excepcional a que se chega, a que se ascende. O comum é, pelo contrário, valha a redundância, o ser comum. Em princípio não sou *eu* quem eu sou. Em princípio não se *é* quem se é; apenas, se tanto, *torna-se* quem se é. Não em vão se fala de uma busca de si mesmo. A evasão, a má compreensão e o ocultamento constituem a relação originária e persistente com respeito a si mesmo.[12]

É este o lugar para um breve parêntese. Ainda a mais rasa compreensão da sentença "o homem é o estilo" pode prevenir o leitor acerca de uma falsa expectativa. Toda paráfrase e exegese do pensamento de Nietzsche, toda apresentação de

---

[12] Quiçá em nenhum outro lugar de suas obras expressa Nietzsche o precedente com maior clareza e insistência que em sua terceira *Extemporânea* ("Schopenhauer como Educador"): "No fundo, todo homem sabe muito bem que se encontra no mundo tão somente uma vez, como um *unicum* e que nenhum estranho acaso aglutinaria pela segunda vez uma pluralidade tão assombrosamente colorida em uma só coisa: o homem sabe mas oculta esse fato como uma má consciência – por quê? Por temor ao vizinho que exige as convenções e encobre a si mesmo com elas. Mas o que é que obriga o indivíduo a temer o vizinho, a pensar e agir como ser de rebanho, a não tirar proveito de si mesmo? (...) Na grande maioria das vezes se trata da comodidade, da inércia, da inclinação à ociosidade (...) O homem que não quisesse pertencer à massa apenas necessitaria deixar de ser acomodado com respeito a si mesmo; que siga a voz de sua consciência que lhe sussurra: 'Sê tu mesmo! Tu não és tudo isso que agora fazes, opinas, desejas.'"

sua obra, por informada, ajustada e lúcida que se a considere, deixará obrigatoriamente algo fundamental de fora, talvez *o* fundamental. Estará inevitavelmente compelida a deixar o inconfundível de seu estilo de fora e, com isso, precisamente o homem. No caso de Nietzsche, ignorar-se-ia o homem cuja "mais difícil exigência" demanda, como víamos, que se saiba quem é. Não há, pois, no que corresponde ao estilo e ao homem, lugar para intermediários, intérpretes, apresentadores, enfim, para pessoas interpostas (entre o autor e seus leitores). Pode ser que a outros autores se possa chegar a conhecer de ouvido (ainda que também isto se possa colocar em dúvida). Se se quer conhecer *Nietzsche* há de se o ler diretamente. Assim, esta alusão ao estilo oferece um convite a sua leitura sem intermediários.

Mas adentremos um pouco mais no assunto do estilo. Escutamos há alguns instantes Nietzsche afirmar que seu trânsito através duma pluralidade de saúdes é nele, por seu turno, o trânsito através duma pluralidade de filosofias. Deste modo, na obra de Nietzsche encontram lugar não só um mas muitos e variados estilos e, portanto, não só uma mas muitas e variadas pessoas. Nietzsche mesmo fala orgulhosamente da sua como a "*mais diversa* arte do estilo de que um homem já dispôs." (EH/EH, Por que escrevo livros tão bons, § 4; itálico meu). Estes muitos estilos se podem encontrar disseminados não só dentro de uma mesma obra mas, com maior razão, distribuídos entre uma obra e outra e entre os diferentes períodos de seu pensamento. Alguém poderia então se sentir tentado a concluir que, se bem que, por um lado, o homem e a obra parecem conformar em Nietzsche uma certa unidade ou integridade entre si – unidade que se faria particularmente patente através do estilo, a reconhecida pluralidade deste último levaria a pensar, por outro lado, que não há em Nietzsche um só homem se expressando num pensamento unitário. Não seria possível falar de *uma* obra em sentido estrito. Poder-se-ia falar, no limite, de correspondência entre um e outro (por assim dizer), isto é, da unidade que cada parte da obra de Nietzsche guardaria em seu momento com seu respectivo autor. É freqüente associar a Nietzsche a idéia de uma multiplicidade de máscaras em que se dissolve sua identidade e conceber, em concordância, a sua obra como fragmentária. No entanto, nem sempre se entendem corretamente estas e similares afirmações pois são entendidas unilateralmente como se com elas se excluísse todo o rastro de uma unidade capaz de abraçar a (por demais inegável) pluralidade que exibem os estilos e os pensamentos de Nietzsche. Já o próprio Nietzsche parecia querer se defender contra esta unilateralidade num breve aforismo: "Crês que deve ser obra fragmentária porque se oferece (e se deve oferecer) em pedaços?" (VM/OS § 128). Este breve aforismo leva significativamente por título: "Contra os míopes".

Pois bem, para não ir muito além, as apreciações do próprio Nietzsche acerca do que constitui o estilo decadente podem ajudar a corrigir os tipos de má interpretação antes mencionados: "Como caracterizar toda *décadence literária?* Com isto: a vida deixa de estar alojada no todo. A palavra se faz soberana e salta fora da oração, a oração transborda e obscurece o sentido da página, a página ganha vida em detrimento do todo – o todo já não é mais um todo. Mas isto é a imagem para todo estilo da *décadence*: em todo momento anarquia dos átomos, desagregação da vontade, 'liberdade do indivíduo', falando moralmente, – ou ampliado a uma teoria política "*igualdade* de direitos para todos". A vida, a *idêntica* vitalidade, a vibração e exuberância da vida, encerrada nas menores formações: o resto, *pobre* em vida. Por toda parte paralisação, dificuldade, petrificação *ou então* hostilidade e caos: as duas coisas fazendo-se cada vez mais patentes à vista mais se ascende a formas de organização mais altas. O todo deixa de ter vida: é algo composto, calculado, artificial, um artefato" (WA/CW § 7).[13] A fim de evitar uma nova unilateralidade, desta vez de sinal invertido, é preciso recordar aqui neste ponto a caracterização que Nietzsche faz de si mesmo em *Ecce homo* como um decadente e como seu contrário: "Pois, sem contar que sou um *décadent*, sou também seu oposto." (EH/EH, Por que sou tão sábio, § 2). Destacar a presença do plural em Nietzsche reduzindo-o a "uma anarquia dos átomos", teria de eqüivaler então, no melhor dos casos, a uma verdade pela metade. Com efeito, contra toda tendência anarquizante em matéria de estilo e igualmente contra toda tendência homogeneizante (que quisesse dotar de uma idêntica vida a cada pequena parte do todo), Nietzsche insiste desde muito cedo em conceber (e em que, com isso, seus leitores e intérpretes logrem conceber) sua obra e sua pessoa como uma artística *sujeição* do *mais* diverso sob uma unidade. Tal sujeição do mais díspar constitui, por sua vez, sua definição tanto da grandeza do homem como da *grandeza do estilo*: uma unidade que não *é* mas sim que *se torna*: faz, desfaz e refaz a si mesmo triunfando reiteradamente sobre o mais *antitético*, não só no sentido do mais dessemelhante e contrário, mas também no sentido do mais ocasional e fortuito.[14] Como tantas outras coisas em Nietzsche a unidade não é algo dado mas sim criado.

---

[13] Sobre a influência exercida por Paul Bourget sobre Nietzsche na definição do conceito de "decadência literária", ver o artigo de Müller-Lauter "*Décadence* artística enquanto *décadence* fisiológica" (*in Cadernos Nietzsche*, n. 6, 1999), em especial as páginas 11-13. (NT).

Para que não se tenha que dar por fé esta delicada mas, em minha opinião, decisiva caracterização de Nietzsche como autor e como homem que se esforça em corpo vivo por imprimir no múltiplo a forma do uno e o selo do único (e que como pensador repensa o inveterado tema do uno no múltiplo na história da filosofia); para que se compreenda melhor o sentido da *praxis* e da teoria da grandeza do homem e do estilo, devo me deter em dar a tal caracterização a devida sustentação textual. Ao fazê-lo, notar-se-á como, em torno a esse duplo conceito de grandeza, juntam-se alguns dos conceitos centrais de seu pensamento. Entre eles encontramos, em primeiro lugar, dois conceitos centrais e conexos da obra precoce de Nietzsche (especialmente do jovem Nietzsche): o conceito de cultura (*Kultur*) e o de formação (*Bildung*).

Na primeira de suas *Considerações Extemporâneas* Nietzsche nos oferece a seguinte definição de cultura: "Cultura é, acima de tudo, unidade de estilo artístico em todas as manifestações da vida de um povo. Saber muito, ter aprendido muito não é, no entanto, nem meio necessário para a cultura nem é signo da mesma e, chegado o caso, tudo isso resulta compatível ao máximo com o contrário da cultura, com a barbárie, isto é: a falta de estilo ou a caótica confusão (*chaotisches Durcheinander*) de todos os estilos." (DS/Co. Ext. I § 1).

Se algo caracteriza o jovem Nietzsche, é, como se sabe, ser um crítico da cultura e, muito especificamente, um deci-

---

[14] De tanta concentração na crítica de Nietzsche a toda unidade como unidade *dada*, alguns de seus intérpretes ignoram sua igualmente insistente incitação à unidade como *criação*, como *logro*, como expressão de uma (mais ou menos) exitosa vontade de sujeição. Chamaria esta unidade de unidade *dinâmica* a fim de recordar o fato de que toda unidade representa sujeição de umas forças por outras.

dido detrator do caráter desintegrado da cultura moderna. Nietzsche despreza o homem e a cultura modernos como algo irreparavelmente fragmentado, disperso, desarticulado, cindido. Esta crítica, que não deixará de subscrever até o final, toma inicialmente a forma de uma desfavorável comparação da cultura moderna (e, muito particularmente, da cultura alemã de seu tempo) com a cultura grega. Ao final da segunda *Extemporânea* ("Da utilidade e desvantagem da história para a vida") Nietzsche escreve: "Houve séculos nos quais os gregos se encontravam expostos a um perigo semelhante ao que hoje nos espreita, a saber, o de acabar varridos pela maré do estranho e do passado, pela 'história'. Nunca viveram o orgulho do intocável: sua 'formação' (*Bildung*) foi durante longo tempo um caos de formas e conceitos estrangeiros, semíticos, babilônicos, lídios, egípcios, e sua religião, uma verdadeira pugna das divindades de todo o Oriente (...) No entanto, a cultura helênica não se converteu num agregado (...) Aprenderam os gregos gradualmente *a organizar o caos* ponderando (...) sobre si mesmos, isto é, sobre suas legítimas necessidades e descartando as pseudonecessidades (...) Eis aqui uma alegoria para cada um de nós como indivíduo: o indivíduo há de organizar o caos que leva em si, ponderando sobre suas legítimas necessidades. Sua honestidade (*Ehrlichkeit*), sua diligência capaz e veraz tem de rebelar-se cedo ou tarde contra o imitar, o copiar e o reproduzir como comportamento exclusivo; chegará então a compreender que a cultura pode ser outra coisa que uma *decoração da vida* (...) Deste modo se revelará o conceito grego da cultura (...), a saber, que a cultura é uma *physis* [uma natureza] nova e aperfeiçoada (...) sem fingimento nem convencionalismo, a cultura como uma harmonia entre o viver, o pensar, o parecer e o querer. Desta forma aprenderá (...) que todo aumento de veracidade promove também, e necessariamente, a exigência que prepara a *verdadeira* formação: ainda que esta veracidade em algumas ocasiões danifique seriamente o que naquele tempo oportuno se chama por culto (*Gebildetheit*)[15] e seja suscetível inclusive de provocar o desmoronamento de toda cultura decorativa." (HL/Co. Ext. II § 10). Plasticidade artística na transformação e incorporação do passado e estranho (cf. HL/Co. Ext. II § 1), ascensão a uma nova e aperfeiçoada natureza e naturalidade, organização do caos, unidade do viver e do pensar, honestidade, *veracidade*, enfim, verdadeira formação contra uma vida artificialmente decorada e *carente de estilo*: tudo isto, diz ele, é uma alegoria e exortação para o indivíduo. Sabemos que Nietzsche levou a peito esta exortação e alegoria. O que Nietzsche nos diz nesse escrito juvenil (nas *Considerações Extemporâneas*) sobre a cultura será encontrado até o final reiteradamente referido ao indivíduo. Assim, por exemplo, num texto póstumo de 1887 intitulado "Sobre a hierarquia" se encontra o seguinte: "O que é medíocre no homem comum? Que ele não entenda a necessidade da *outra face das coisas*: que combata os inconvenientes (*die Übelstände*) como se alguém pudesse prescindir deles, que não queira tomar uma face junto com sua oposta – que quisesse eliminar e extinguir o *caráter típico de uma coisa*, de um estado de coisas, de uma época, de uma pessoa, aprovando tão somente uma parte de suas propriedades e desejando *abolir* as demais (...). Nossa concepção é a oposta: que com cada crescimento do homem sua outra face terá que crescer também, que o *maior* dos homens, supondo que tal conceito seja lícito, seria o homem que representasse

---

[15] Veja-se VII, 19 [307]: "Formado (*Gebildet*) chamamos a quem se converteu numa formação (*ein Gebild*), a quem tomou forma: o oposto à forma é aqui o amorfo informe, sem *unidade*."

mais fortemente *o caráter antitético da existência*, como sua glória e única justificação... Aos homens ordinários só lhes está permitido representar um rincão e uma esquina ínfima do caráter natural: perecem quando a multiplicidade dos elementos e a tensão dos contrários, ou seja, as precondições para a *grandeza do homem*, aumentam." (XII, 10 [111]).[16]

Suspendamos por um momento a leitura deste texto para sublinhar o seguinte. A multiplicidade e a contrariedade não são, tomadas por si mesmas, sinal inequívoco da grandeza de um homem. Também podem se fazer presentes num homem ordinário e justamente nele significando não riqueza e plenitude, mas sim dilaceramento, ruína e destruição. A multiplicidade e a contrariedade não constituem, como Nietzsche mesmo acentua, a grandeza mesma. Trata-se tão somente de *precondições* da mesma. São, no limite, condições necessárias mas não suficientes.[17] O que realmente singulariza o grande homem, segundo Nietzsche, é a *integridade* que um homem *logra* enfrentando e vencendo estas condições de máxima diversidade e contraditoriedade que a outros são ou poderiam ser fatais: "A maioria representa ao homem como pedaços e partes separadas: só quando se os soma obtém-se um homem. Épocas inteiras, povos inteiros têm neste sentido algo fragmentário; quiçá faz parte da economia do desenvolvimento humano que o homem deva se desenvolver por partes. Não por isso se deve esquecer nem por um instante que seja que somente o que se trata é de que o homem sin-

---

[16] O texto continua com a oração: "Que o homem tem que se fazer melhor e mais malvado, esta é minha fórmula para esta inevitabilidade."

[17] Todo grande homem hospeda um máximo de multiplicidade e contrariedade mas nem todo homem que hospeda um máximo de multiplicidade e contrariedade é *eo ipso* um grande homem.

tético chegue a ter lugar: que os homens baixos, a enorme maioria, são apenas prelúdios e ensaios de cuja combinação surge de quando em vez o *homem inteiro*, o homem-contíguo que mostra até onde chegou o progresso da humanidade" (XII, 10 [111]).[18] O que importa entender em Nietzsche pela síntese que *logra* o "homem sintético", o que importa entender, em outras palavras, pelo tipo de unidade que o homem inteiro logra *criar* a partir da fragmentariedade do resto da humanidade é algo que, como mais adiante se sugerirá, teria de fazer-se mais claro à medida em que se penetrasse em outro crucial círculo de conceitos nietzschianos: os conceitos de domínio, sujeição, *poder*.[19]

---

[18] A citação continua: "Não avança [a humanidade] de um só golpe: freqüentemente se perde o tipo já alcançado (...) – com toda tensão dos últimos trezentos anos, por exemplo, não pudemos chegar todavia de novo na altura do homem do Renascimento que, por seu turno, ficou para trás com respeito ao homem antigo."

[19] Não se pode prejulgar então que tipo de síntese e unidade é esta sem examinar esses outros conceitos. Agora, somente o fato de que nos vejamos remetidos ao conceito de poder para explicar o conceito de unidade aqui envolvido sugere de imediato que não pode ser nossa intenção a de assemelhar Nietzsche com quaisquer pensadores de qualquer unidade ou qualquer totalidade. É *aqui* que é necessário (e *hoje* mais necessário) estabelecer as distinções cruciais e não naquele plano em que se *reduz* Nietzsche a um pensador duma pluralidade *indômita* enfrentando pensadores da unidade e totalidade concebidas como *factum*, como algo *dado* (como algo presente nas coisas "em si" mesmas). Esta dicotomia é uma falsa dicotomia (que opera de acordo com uma concepção reduzida de unidade). Reduz-se o pensamento de Nietzsche ao que simplesmente é uma *parte* do mesmo. Nietzsche critica certamente toda concepção do uno e inteiro como *dado*, argumentando que *se* há algo que seja dado é justamente o *caos* como pluralidade indômita. Neste plano se encontrará Nietzsche afirmando que o mundo, a natu-

Vale a pena, por ora, adentrar um pouco mais pelo conceito de grandeza. De tal incursão surgem conexões com outros conceitos centrais: com conceitos desta vez provenientes da obra madura de Nietzsche. Escutemos como o Nietzsche maduro de *Para além de bem e mal* reitera em relação ao conceito de grandeza o expressado pelo jovem das *Considerações Extemporâneas* em relação ao conceito de estilo: "Face a um mundo de 'idéias modernas', que gostaria de confinar cada um num canto e numa 'especialidade', um filósofo, se hoje pudesse haver filósofos, seria obrigado a situar a grandeza, o conceito de 'grandeza', precisamente em sua vastidão e multiplicidade, em sua *inteireza* (*Ganzheit*) na multiplicidade: ele determinaria inclusive o valor e o grau, conforme quanto e quantas coisas um indivíduo pudesse aguentar e aceitar, conforme *até onde* pudesse estender sua responsabilidade. (...) [O] filósofo revelará algo de seu próprio ideal quando afirmar: '...precisamente a isto se chamará grandeza:

reza, é caos. Porém, o que interessa a Nietzsche é o que se *faz* e se *cria a partir de* tal pluralidade indômita (e a natureza mesma é para Nietzsche *também* um fazer e criar e o caos é somente seu "a partir de", ou seja, em termos clássicos, sua "matéria"). O que interessa a Nietzsche é o repto que deste reconhecimento da pluralidade surge para o homem com vistas a seu *domínio*. Não se trata de um simples "deixá-la ser". Inclusive, também como *parte* do estímulo necessário para uma vontade de domínio, ela mesma pode se dar à tarefa de *criar* pluralidade e caos. Mas em tal caso se trata justamente de criar o que é apenas *precondição*, trata-se, por assim dizer, de *criar* as condições para um *criar* intensificado que em última instância se mostra logrado ou malogrado na maior ou menor sujeição dum máximo de diversidade e contrariedade. Sobre o caos como *estímulo* do potência, veja-se XI, 25 [335]: "[Todos os grandes homens] querem dar uma única forma ao múltiplo, ao não ordenado, excita-os ver o caos."

poder ser tanto múltiplo como inteiro (*ganz*), tanto vasto como pleno.'" (JGB/BM § 212; itálico meu). A este máximo de responsabilidade assumida se refere Nietzsche neste mesmo trecho de *Para além de bem e mal* (§ 212) como sinal inequívoco de fortaleza da vontade (*Stärke des Willens*). Numa obra posterior, Nietzsche nos dá um importante exemplo disto que aqui descreve como fortaleza da vontade: o exemplo de Goethe:[20] "*Goethe* – não um acontecimento alemão, mas um acontecimento europeu: um intento grandioso de superar o século XVIII mediante uma volta à natureza, mediante uma *ascensão* até a naturalidade do *Renascimento*, (...) não se desligou da vida, submergiu nela, não foi diminuído e assumiu sobre si, por cima de si e em si tanto quanto era possível. O que ele queria era *totalidade* (*Totalität*); combateu a desunião entre razão, sensibilidade, sentimento, vontade (desunião predicada com uma escolástica espantosa por *Kant*,[21] o antípoda de Goethe), impôs a si uma disciplina encaminhada à inteireza (*Ganzheit*), *criou*-se a si mesmo. (...) Em meio a uma época de mentalidade irrealista, Goethe foi um realista convicto: disse sim a tudo o que a este respeito lhe era afim[22] (...). Com um fatalismo alegre e confiante esse espírito que *se tornou livre* está imerso no todo, na *fé* (*Glauben*) de que só o individual [*das Einzelne*: o individual como oposto ao total, quer dizer, o isolado e solto] é reprovável, de que, tomado em conjunto (*im Ganzem*), tudo se redi-

---

[20] Veja-se o uso expresso do conceito de grandeza referido a Goethe em GD/CI, Incursões de um Extemporâneo, § 50. Nietzsche se refere a Goethe como "o último alemão por quem tenho respeito".

[21] Salta à vista neste ponto o paralelismo entre a crítica de Kant por parte de Nietzsche e por parte do jovem Hegel.

[22] Quer dizer: o que lhe era afim em seu convicto realismo.

me e afirma – *esse espírito já não nega* (...). Porém tal fé é a mais alta de todas as possíveis: eu a batizei com o nome de *Dioniso*." (GD/CI, Incursões de um Extemporâneo, § 49).[23] Aqui nos deparamos com um importante apelativo para aquilo que Nietzsche entende por grandeza em geral e do homem em particular: inteireza que *se torna* tal, inteireza que se logra, que se *cria* (não unidade que se tem ou se toma como dada, como dom). Refiro-me ao nome de Dioniso.[24] Curiosamente, em torno ao dionisíaco se tem gerado um tipo de má compreensão semelhante à que mais acima se caracterizava como uma interpretação anarquizante de Nietzsche. Segundo ela, Dioniso representaria, sem mais, o fragmentário e o caótico quando o certo é que o próprio Nietzsche ainda numa de suas últimas apreciações retrospectivas de *O Nascimento da tragédia* reiterava que: "Com a palavra 'dionisíaco' se expressa: um urgir até a *unidade* (...) um fascinado dizer sim ao caráter *total* da vida como o igual em toda mudança, o igualmente poderoso, igualmente bem-aventurado; a grande compenetração *panteísta* na alegria e na dor (...)

---

[23] Assim se expressa Nietzsche em *Ecce homo* sobre Zaratustra: "Este espírito, o mais afirmativo de todos, contradiz com cada uma de suas palavras; nele todos os opostos se fundem numa nova unidade." (EH/EH, Assim falava Zaratustra, § 6).

[24] Já que nos encontramos no terreno dos nomes e apelativos, mencionemos, a propósito, outra das fórmulas que Nietzsche adota para a grandeza, uma "fórmula" com a qual Nietzsche sublinhará sua compreensão própria desse "alegre e confiante fatalismo" mencionado na citação referente a Goethe: "Minha fórmula para a grandeza no homem é *amor fati* [amor ao destino]: não querer nada de outro modo, nem para frente, nem para trás, nem em toda eternidade. Não meramente suportar o necessário, e menos ainda dissimulá-lo – todo idealismo é mendacidade diante do necessário –, mas *amá-lo*..." (EH/EH, Por que sou tão esperto, § 10).

como sentimento da *unidade* e a necessidade da criação e da destruição." (XIII, 14 [14]; itálico meu). Este texto se encontra em clara consonância com aquele em que Nietzsche se vale de sua exaltação de Goethe para introduzir sua fé em Dioniso. Também aqui se faz patente que, para Nietzsche, o dionisíaco não é (ou, em todo caso, não é sem mais nem menos) sinônimo de uma pluralidade indômita, irredutível, de desagregação absoluta e caos. Com o nome de Dioniso se aponta, ao contrário, para uma integridade (unidade como totalidade) à luz da qual todo individual e isolado não pode aparecer senão como horroroso e insuportável dilaceramento. Não se trata, valha o esclarecimento, de uma unidade indivisa e simples, mera ausência de multiplicidade ou exclusão da mesma. Trata-se, reiteramos, de uma *sujeição* do (mais) diverso e inclusive contraditório sob ou dentro de uma unidade. No entanto, não é esta a ocasião de abordar o difícil conceito de domínio ou de potência em Nietzsche. Sua doutrina da vontade de domínio, da vontade de potência, é quiçá a mais mal compreendida de suas doutrinas e seria convidar a uma redobrada má compreensão se suscitasse agora a impressão de que se a pode explicar de passagem. Em todo caso, já se notará a estas alturas que se Nietzsche pode pretender alguma originalidade em sua compreensão do mais antigo problema da filosofia (o problema do um e do múltiplo) isso dependerá da singularidade de sua compreensão do que é a potência e de sua compreensão da unidade como unidade *dinâmica*. Não se trata, pois, do falso problema de se se concebe ou não Nietzsche como pensador da unidade. Trata-se, antes, do problema acerca do *tipo* de unidade que nos delineia, temática e formalmente falando.

Não irei aqui mais longe em meu intento de documentar a noção de grandeza em Nietzsche como inteireza e domínio. Espero que se advirta melhor, com base nas observações anteriores, que quem quiser medir em Nietzsche sua pretendida grandeza como homem e escritor terá que medir, portanto, *não só* a *amplitude* (a diversidade) que alcança seu espírito ao expandir-se, mas sim o grau que alcança a sujeição de tal amplitude, a *integral* afirmação do mais diverso e adverso dentro de uma totalidade. O primeiro exige uma leitura ampla da obra de Nietzsche. O segundo requer uma leitura que pretenda e represente ela mesma uma lograda sujeição (exegética) da mais ampla diversidade sob um máximo possível de unidade (*dinâmica*).

Resumamos o exposto até aqui. Víamos no começo como a exigência que Nietzsche diz querer apresentar aos homens requer que se advirta com a maior claridade quem é o portador de tal exigência. Trata-se de uma exigência que terminaria por ser desatendida justamente no caso de aparecer como uma exigência impessoal, anônima; trata-se de uma exigência com respeito à qual apenas resulta congruente que quem a faz se faça visível em toda sua singularidade. Víamos do mesmo modo como Nietzsche crê, em todo caso, que o pensamento de todo pensador emerge inadvertidamente do mais pessoal. Por isso mesmo, uma crucial diferença marcaria não só o fato de que Nietzsche advirta a conexão entre a obra e a pessoa ou também entre o espírito e o corpo, mas inclusive o fato de que busque do mesmo modo fazê-la inocultável para seus leitores. Todo o precedente explica por que o estilo desempenha, formalmente falando, um papel importante na obra de Nietzsche. Víamos também que não só o estilo mas inclusive seu *conceito* desempenha conseqüentemente um papel importante dum ponto de vista temático. Esta importância temática se faz manifesta no fato de que uma elucidação do conceito nietzschiano de estilo nos remete indefectível e imediatamente aos pensamentos centrais da obra de Nietzsche (cultura, grandeza, potência, Dioniso). Em outras palavras, é possível nos aproximarmos dos *conteúdos* centrais de seu pensamento partindo do que em princípio não parecesse ser mais que a tematização de um assunto puramente *formal*: o assunto do estilo. O exposto conflui, pois, na constatação de uma particular congruência de forma e conteúdo na obra de Nietzsche. Pois bem, tal congruência se faria ainda mais patente se pudéssemos mostrar que o caminho da forma até o conteúdo pode ser percorrido também em direção contrária: do conteúdo temático até a forma estilística. Pode-se, por exemplo, percorrer um caminho que parta do tema da crítica do conceito do verdadeiro (como o incondicionado) para chegar à conseqüente contrapartida estilística de tal crítica em Nietzsche. Trata-se de um caminho que, valha dizer, já têm percorrido alguns dos intérpretes de Nietzsche.

A temática da verdade tem duas facetas conexas entre si: uma negativa e outra positiva. Tem-se, por um lado, a crítica da verdade, a crítica do que a seus olhos é *a* concepção tradicional da verdade. Tem-se, por outro lado, a doutrina do perspectivismo e o conceito nietzschiano de interpretação. Permito-me como continuação o conveniente atalho de enunciar o problema tal como já se encontra delineado num intérprete que pode muito bem ser tomado comó representativo neste particular: "A idéia e o estilo do 'perspectivismo' é central nos escritos de Nietzsche de seu período médio (...) À diferença da maioria dos filósofos, que argumentam diretamente em favor da verdade de uma idéia ou de um sistema, Nietzsche argumenta por uma pluralidade de perspectivas, uma pluralidade de 'verdades' se se quiser, das quais nenhuma é a 'verdadeira'. O problema radica em como defender esta tese sem cair em contradição auto-referencial ou em relativismo (ao qual Nietzsche qualifica de 'infantil'). Nesse sentido, enquanto a maioria dos filósofos escreve na voz abstrata e onisciente da terceira pessoa, Nietzsche escreve freqüentemente em primeira pessoa – regularmente na primeira pessoa do singular, ocasionalmente na primeira pessoa do plural – e não deixa dúvida alguma acerca de a quem pertence a opinião que está proferindo. Seu estilo atrai a atenção sobre o autor, e à diferença da maioria dos filósofos (...) os escritos de Nietzsche abundam em auto-referências e autoglorificações, recordando-nos que *seus* juízos, *seus* pontos de vista, *suas* perspectivas são justamente as suas."[25]

Noutra interpretação recente de Nietzsche encontramos apreciações similares. Cito novamente: "A oposição de Nietzsche ao dogmatismo [ao dogmatismo como conseqüência direta da concepção da verdade que Nietzsche critica] não consiste na idéia paradoxal de que é incorreto pensar que as opiniões que alguém tem são verdadeiras, mas sim na idéia de que as opiniões de alguém não são, nem teriam de ser, verdadeiras para todo mundo [o autor cita aqui *Para além de bem e mal*, § 43]. (...) [Não obstante,] Como todo outro autor Nietzsche também quer que sua audiência aceite suas opiniões. Apesar de lançar um firme e complicado ataque às noções de verdade e conhecimento, seria absurdo sustentar que escreve para que não se creia em si. O ponto de seu ataque (...) é outro e está dirigido contra as condições sob as quais se aceitam determinadas concepções como verdadeiras. Quer que se creia em si mas não incondicionalmente (...)."[26]

(...) Que hão de fazer aqueles autores que querem produzir concepções acerca do mundo mas que querem também advertir a seus leitores que o que estão lendo não é mais que o ponto de vista de um autor? E, o que é mais urgente, que

---

[25] Solomon, 1990, p. 9.
[26] Nehamas, 1985, p. 33.

há de fazer um autor que quer chegar a sustentar que todo escrito é desta natureza? [Um pouco mais adiante, o intérprete que citamos nos dá a solução ao problema:] Nietzsche usa sua mudança de gêneros e estilos para evitar que seus leitores passem por alto o fato de que suas concepções têm necessariamente sua origem nele. Apela a seus muitos estilos para sugerir que não há uma linguagem única e neutra na qual se pudesse apresentar seus pontos de vista ou quaisquer outros. Sua constante presença estilística mostra que suas teorias são tão variadas e idiossincráticas como o tipo de escrito ao qual estão incorporadas."[27]

Em seu aspecto de conteúdo, quer dizer, em seu aspecto temático, a obra de Nietzsche se ocupa explicitamente em determinar e *valorar* as condições sob as quais se aceita uma determinada persuasão. Aceita-se enquanto se pode assumir que é verdadeira. Nietzsche reflete, então, acerca das condições sob as quais se crê possuir uma persuasão verdadeira e determina que se a crê possuir quando se assume implicitamente que ela se encontra numa relação de correspondência ou adequação com a maneira como as coisas são em si mesmas. Por razões que não é o caso examinar neste momento, Nietzsche repudia esta concepção da verdade.[28] Pode-se di-

---

[27] Nehamas, 1985, p. 35-7.

[28] Em poucas palavras, Nietzsche repudia esta concepção da verdade em razão de que ela representa um obstáculo (possivelmente *o* obstáculo) para o surgimento e consolidação de um tipo de homem que Nietzsche está interessado em promover: um homem profundamente autônomo, um homem livre para prescrever a si mesmo seu bem e seu mal e suspender sua vontade por cima de si mesmo como uma lei, um homem capaz de ser juiz para si mesmo e vingador de sua lei, como nos disse Zaratustra em *Assim falava Zaratustra* (I, Do caminho do criador). Não obstante o que Nietzsche entende por autonomia requer cruciais precisões a fim de que não se o confunda com outros pensadores modernos.

zer, sem temor de exagerar, que o sentido e propósito mais próprios de suas persuasões se veria irrecuperavelmente perdido em caso de que se as aceitasse (ou rechaçasse) da mesma maneira como se tem assumido (ou rechaçado) inveteradamente toda persuasão: enquanto verdadeiras no sentido antes descrito (ou enquanto falsas num sentido correspondente). Conseqüentemente, Nietzsche aspira a que suas próprias concepções (incluída, em primeiro lugar, sua própria concepção de verdade) sejam adotadas de uma nova maneira. Para isso, vale-se certamente de considerações temáticas confluentes na doutrina do perspectivismo. No entanto, Nietzsche conta com outro recurso que, diferentemente do anterior, goza, por assim dizer, do dom da ubiqüidade: o recurso do estilo. O estilo é formalmente onipresente como não pode ser o tema da verdade ou do perspectivismo ou da interpretação ou o próprio tema do estilo, nem qualquer outro *tema* independentemente de sua importância.

Nietzsche se esforça sempre em expor suas concepções em determinada *forma*. A *forma* em que Nietzsche apresenta suas concepções se converte assim não só em indicativa da maneira como ele mesmo as assume, mas resulta inclusive condicionante da maneira como teriam de ser adequadamente assumidas (ou rechaçadas) por seus leitores. Assim como a postura temática de Nietzsche com respeito ao problema da verdade sugere que temos de nos aproximar de uma maneira renovada de suas concepções em geral, do mesmo modo, seu estilo convida sempre a uma modificação condizente na forma de nos acercarmos (ou distanciarmos) delas.

Desse modo, a imbricação entre forma e conteúdo na obra de Nietzsche, muito especialmente a que correspondente ao tema da verdade, faz com que seu estilo resulte decisivo para a adequada maneira de assimilar ou descartar suas idéias. O adequado acesso ao pensamento de Nietzsche requer, por conseguinte, que se o aproxime dentro da forma e estilo em que seu autor lhe deu expressão. Não pode haver apresentações que possam desempenhar um papel substitutivo. Pode-se, sem dúvida, falar *acerca* do estilo da obra de Nietzsche porém, por princípio, não se pode transmiti-lo ou reproduzi-lo do modo como cremos que podemos parafrasear a um terceiro os pensamentos de alguém. Num texto póstumo, escreve Nietzsche:

> É-se artista ao preço de sentir como conteúdo, como "a coisa mesma", o que os não-artistas chamam "forma". Pertence-se, por isso, a um mundo *invertido*: pois nesse instante se converte para alguém o conteúdo em algo meramente formal – incluindo nossa vida (XIII, 18 [6]; cf. XIII, 11 [3]).

Se o precedente não é uma constatação impessoal de Nietzsche, teríamos então aqui corroborada a importância da forma dento de sua obra. *Die Sache selbst*, "a coisa mesma", o que realmente é "o assunto" (também no sentido do que realmente importa) isso é num artista, diz Nietzsche, a forma. O artista efetua, assim, uma inversão valorativa (uma transvaloração) do usualmente considerado prioritário. Para ele o decisivo é o que para outros é uma "mera" questão formal, uma formalidade. Importa o estilo e, como diz no final da citação, é de capital importância não só o que se imprime a uma obra, mas também à vida. A vida mesma aparece como obra de arte. Significativamente, esta idéia constitui um dos primeiros acessos ao noduloso pensamento do eterno retorno. Numa das notas inéditas que acompanham a primeira aparição da idéia do eterno retorno em seus cadernos de 1881, encontra-se o seguinte:

Queremos experimentar sempre de novo uma obra de arte! Assim se deve dar forma à própria vida de maneira que se tenha o mesmo desejo com respeito às partes particulares! Este é o pensamento capital! (IX, 11 [165]).

Esta questão capital de forma referente ao como (diferentemente do que) da vida, é precisamente a idéia do eterno retorno (como se deduz do entorno textual imediato desta citação em seus cadernos póstumos[29]). Pois bem, se vida e obra se fundem em Nietzsche, como sugere a citação de *Ecce homo* com que começamos este texto, então é possível que não estejamos aqui diante de dois, mas sim no fundo ante um só ato estilístico.

---

[29] O fragmento continua em forma algo enigmática mas o suficientemente clara para o que queremos concluir (que a idéia de converter a própria vida numa obra de arte é um acesso à doutrina do eterno retorno): "Este é o pensamento capital! Só ao final se expõe a *doutrina* da recorrência de tudo o que existiu depois de que se haja inserido a idéia de *criar* algo que possa prosperar cem vezes mais fortemente sob a luz solar desta doutrina." (IX, 11 [165]).

DISTINÇÕES EM TORNO DA FACULDADE DE DISTINGUIR: O GOSTO NA OBRA INTERMEDIÁRIA DE NIETZSCHE[*]

KATHIA HANZA[**]

Entre os apontamentos de Nietzsche do outono de 1877, meses antes da publicação de *Humano, demasiado humano. Um livro para espíritos livres*, encontramos uma lista de temas sob o título: "Sobre a doutrina artística" (VIII, 24 [1]). Deve-se proceder com muita cautela quando se trata de recorrer aos apontamentos de Nietzsche, pois não são poucos os intérpretes que reformulam a sua filosofia, alinhavando os fragmentos do filósofo, privilegiando apontamentos e anotações, em lugar de restringir-se aos textos que ele confiou à publicação (cf. Künzli, 1988, p. 41 ss.). Contudo, um desses temas, enunciado sob a concisa fórmula

---

[*] Artigo publicado em *Cadernos Nietzsche*, n. 19, 2005, p. 101-22. Tradução de Luis Marcelo Rusmando. Revisão técnica de André Luís Mota Itaparica.
[**] Professora da Pontifícia Universidade Católica do Peru.

"Recusa da inspiração; a faculdade de julgar que escolhe" (*die wählende Urtheilskraft*), pode servir-nos como fio condutor para estudar a reflexão estética de Nietzsche em sua obra intermediária.[1] Como se sabe, durante esse período, a reflexão de Nietzsche está marcada de forma negativa pelo afastamento da metafísica. E, como veremos a seguir, a recusa da inspiração se inscreve precisamente nesse marco. Assim, se prestarmos atenção ao apontamento citado, veremos que nele se enuncia também um recurso positivo, desde então empregado para desenvolver a própria filosofia de Nietzsche. Refiro-me à faculdade de julgar. De fato, na corrosiva crítica às opiniões e certezas humanas, demasiado humanas, compete à faculdade de julgar considerar o que cabe esperar, uma vez que a compreensão de si mesmo e do mundo não pode apoiar-se mais em convicções assumidas pela tradição ou sobre a base de postulados questionáveis. Nesse sentido, a faculdade de julgar tem uma tarefa mais ampla e ambiciosa que a limitada a questões estritamente estéticas. Na tradição filosófica, a delimitação da faculdade de julgar ao âmbito do estético provém fundamentalmente da primeira parte da terceira obra crítica de Kant, a *Crítica da faculdade de julgar*. Nessa obra, Kant faz uma análise dos juízos sobre o belo, e fundamenta a

---

[1] A obra intermediária, isto é, os escritos: *Humano, demasiado humano*, *Aurora* e *A gaia ciência*, tem sido matéria de pouquíssimas investigações. Após o trabalho de Heller (1992), Marcos Brusotti (1997) tem-se ocupado recentemente desta fase do pensamento de Nietzsche. Uma série de artigos ocupa-se de *A gaia ciência* nos *Nietzsche-Studien* 26 (1997), p. 165 ss. Conferir, a respeito, a "Nota de redação" de Jörg Salaquarda, p. 161 s., que assinala quão poucos estudos há sobre a obra intermediária, em comparação com os realizados, por exemplo, sobre *O nascimento da tragédia*, *Assim falava Zaratustra* ou os livros de 1888.

legitimidade que a faculdade de julgar (ou gosto, ou *sensus communis*) almeja ao enunciá-los. Mas também, segundo Kant, a faculdade de julgar aplicada à investigação empírica da natureza como sistema de organismos oferece outro grupo de problemas, amplo e complexo, que será matéria da segunda parte da *Crítica da faculdade de julgar*. A faculdade de julgar como gosto ou *sensus communis* nos remete, pois, a um rico horizonte, em parte retomado na obra de Kant, mas que também tem, independentemente da investigação kantiana, uma longa tradição na filosofia.

Neste artigo, tomaremos as noções de gosto e faculdade de julgar como fios condutores para apresentar a reflexão estética de Nietzsche em sua obra intermediária. Seus primeiros parágrafos anunciam, entretanto, duas questões, cuja dificuldade e significado é preciso assinalar. Em primeiro lugar, a necessidade de situar as noções de faculdade de julgar e gosto na tradição filosófica. E, em segundo lugar, manifestar que, ao referir-se ao gosto ou à faculdade de julgar, Nietzsche nos defronta com um traço peculiar da sua filosofia: com o fato de que esta ultrapassa toda delimitação estreita do estético, diante de questões da ética e do conhecimento. Desse modo, este trabalho pode ajudar a revisar e corrigir a versão que atribui um ponto de vista "positivista" à obra intermediária de Nietzsche, como parece ser uma opinião mais ou menos generalizada. Sobre a base de ambas as questões, gostaríamos, em primeiro lugar, de referir-nos à tradição na qual a faculdade de julgar ou gosto tem um lugar destacado (1. A "faculdade de julgar que escolhe". Antecedentes históricos). Em segundo lugar, ocupar-nos-emos das análises que Nietzsche faz, em especial em *Humano, demasiado humano*, sobre o gosto e a faculdade de julgar (2. Distinções em torno da faculdade de distinguir). Como veremos, o gosto está intimamente ligado a sua própria idéia de filosofia.

1. A "faculdade de julgar que escolhe".
Antecedentes históricos

Voltemos ao nosso apontamento. Nele, Nietzsche desenvolve o tema claramente proposto no aforismo 155 do primeiro volume de *Humano, demasiado humano*, no qual assevera: "*Crença na inspiração*. Os artistas têm um grande interesse em que se acredite nas intuições repentinas, nas chamadas inspirações, como se a idéia da obra de arte, do poema, o pensamento fundamental de uma filosofia caísse do céu como um raio de graça. Em realidade, a fantasia do bom artista ou pensador produz constantemente coisas boas, medíocres ou ruins; mas a sua *faculdade de julgar*, extraordinariamente aguçada e exercitada, rechaça, escolhe e combina (...). Todos os grandes homens foram grandes trabalhadores, infatigáveis não somente na invenção mas também no repúdio, na eleição, na modificação e na ordenação" (MAI/HHI § 155).[2]

Trata-se, portanto, de recusar a idéia de um talento surgido espontaneamente ou de uma intuição repentina como *movens* da criação artística ou reflexão filosófica. Independen-

---

[2] Em outros apontamentos, Nietzsche se refere ao mesmo tema, cf: VII, 19[78]; VIII, 22[36], 23[84]. Este último apontamento é de especial interesse, pois constitui a base para o aforismo citado: "Superestima-se, nos artistas, a contínua *improvisação*, que justamente não existe nos artistas mais originais, mas sim, pelo contrário, nos semi-reprodutores imitadores. Beethoven busca suas melodias em muitas peças, com muitas buscas. Mas os mesmos artistas desejam que se valorize ao máximo o instintivo, "o divino", o inconsciente neles, e, quando falam a respeito, não apresentam fielmente as circunstâncias. A fantasia (no ator, por exemplo) apresenta muitas formas *sem escolher*, a cultura superior do *gosto* do artista escolhe dentre estas criaturas e mata as outras com a dureza própria de uma ama de Licurgo".

temente do fato de Nietzsche equiparar a arte e a filosofia, gostaríamos de ater-nos aos motivos que, segundo ele, animam a "crença na inspiração". Primeiramente, ele se vale de uma explicação psicológica: os criadores teriam um interesse em que "se valorasse ao máximo o instintivo, 'o divino', o inconsciente" (VIII, 23[84]). Não só os criadores, mas também o público se satisfaz nesta apreciação errônea do processo artístico: "*Culto do gênio por vaidade.* – Porque pensamos bem de nós, mas no entanto não esperamos de nós que possamos alguma vez fazer o esboço de uma pintura de Rafael ou uma cena tal como a de um drama de Shakespeare, persuadimo-nos de que a faculdade para isso é maravilhosa acima de todas as medidas, um raríssimo acaso, ou, se ainda temos sentimento religioso, uma graça do alto. Assim, nossa vaidade, nosso amor-próprio, propiciam o culto do gênio: pois somente quando este é pensado bem longe de nós, como um *miraculum*, ele não fere" (MAI/HHI § 162).

Nietzsche escreve principalmente contra a tese da inspiração. O sentido da sua crítica é desmascarar os motivos *humanos, demasiado humanos* que se escondem por trás da "crença na inspiração". Mas, além dos motivos "psicológicos", trata-se de compreender adequadamente o processo de criação, remetendo-nos à faculdade de julgar ou à "alta cultura do gosto do artista" (VIII, 23[84]), ao exato e cuidadoso trabalho de combinar, selecionar, polir, escolher, que as anima. Assim, o problema do gosto ou da faculdade de julgar é paradigmático em relação à maneira com que Nietzsche enfrenta determinados problemas filosóficos nesse período. *Grosso modo*, o procedimento consiste, em primeiro lugar, em recusar os postulados infundados ou "metafísicos" para, em segundo lugar, desmascarar os motivos psicológicos e, por último, recorrer a conceitos mais adequados. A vaidade ou algum vestígio de pensamento religioso animam a "crença na inspiração", enquanto o "gosto" ou a "faculdade de julgar" se mostram conceitos mais idôneos para considerar o processo de criação.

Não se trata apenas do fato de que o gosto ou a faculdade de julgar sejam os conceitos indicados para dar conta dos fenômenos artísticos. Graças a eles, abre-se também uma dimensão crítica e produtiva para a reflexão de Nietzsche. A partir daí, ele se servirá de conceitos cuidadosamente escolhidos para descrever determinados fenômenos que, pelo menos para os seus contemporâneos, não parecem os mais pertinentes. Tais são precisamente os casos do "gosto" e da "faculdade de julgar".

De fato, poderia surpreender o emprego dos conceitos de "gosto" e "faculdade de julgar" no esclarecimento de uma série de processos produtivos referentes àquilo que se poderia chamar "vida do espírito". Entretanto, a surpresa desaparece quando se considera a tradição na qual justamente "gosto" e "faculdade de julgar" se inscrevem. Ambos os conceitos não se restringem a contextos estéticos, como, *a priori*, é familiar ao leitor atual e ao contemporâneo de Nietzsche.

A "faculdade de julgar" remete-nos a uma longa tradição na consideração de questões retóricas e éticas (cf. Wagner, 1998; Stierle, Klein & Schummer, 1974). A faculdade de julgar (gr. *Krisis*, lat. *iudicium*) constituía, na retórica da Antigüidade – que Nietzsche conhecia muito bem[3] – uma faculdade indispensável para todo orador: graças a ela, o orador podia apresentar para seu auditório aquilo que seria relevante em determinada situação. Os tratados antigos de retórica

---

[3] Entre os anos 1872 e 1874, Nietzsche deu aulas de "História da eloqüência grega" e de "retórica" (cf. Goa *in* Nietzsche, 1894, tomo 18).

mostram como o êxito de determinado discurso dependia da escolha prévia dos motivos relevantes (*tópoi*). Oferecer esses *tópoi* é precisamente obra da faculdade de julgar.

Mas também, em virtude do seu nexo com situações concretas, desde muito cedo a faculdade de julgar foi tomada pela filosofia como um órgão de orientação prática. Na ética aristotélica e nas suas reinterpretações, a *phrónesis* (lat. *prudentia*) não significa outra coisa que uma faculdade de julgar prática, graças a qual quem atua pode avaliar adequadamente a situação e, dentre diversas possibilidades, escolher a mais pertinente. Assim, a faculdade de julgar (*krisis*) é imanente à racionalidade prática.[4]

Em geral, o conceito de faculdade de julgar (*iudicium*, *prudentia*) pôde manter um lugar central na filosofia até a modernidade. Mas a virada efetuada por Hobbes e Descartes, que assimila a filosofia ao modelo da ciência, significa uma mudança radical. De fato, a faculdade de julgar, como capacidade individual avaliativa, não se ajusta facilmente à pretensão científica, orientada para o paradigma das matemáticas de certeza universal e intersubjetiva. Desta forma, o *iudicium*, no sentido clássico (como também, certamente, a retórica), fica excluído do novo ímpeto da filosofia, pelo menos onde se trata da universalidade objetiva ou, para falar na linguagem de Kant, do sujeito transcendental. Ao contrário, se se considera o indivíduo concreto, levando em conta a variabilidade das circunstâncias da sua vida e as opiniões que o

---

[4] Aristóteles introduz a faculdade de julgar (*krísis*) através do conceito de *sýnesis* (compreensão) na filosofia prática. A *sýnesis* é parte integral da *phrónesis* ou *prudentia*. Conferir Aristóteles, 1985, III, 5 (1113 a 2 – 14) e VI, 11 (1143 a 6 – 10). Sobre a faculdade do conceito aristotélico de *phrónesis*, conferir Schnädelbach, 1986 e Riedel, 1972/74.

orientam, o velho conceito de *iudicium* tem ainda vigência. Sobretudo na literatura, em sentido amplo (poesia, máximas, moralística), e na retórica, o velho tema da faculdade de julgar permanecerá ainda vigente. Justamente esta vertente exercerá um atrativo sobre Nietzsche, leitor de Gracián e dos moralistas franceses, em especial Montaigne e La Rochefoucauld.[5] Gracián desenvolve nos seus escritos (Gracián, 1990) uma arte da prudência, para a qual é central o conceito de gosto. A arte da prudência é um tipo de composição de sentenças, inteligentes análises de situações, guias para a ação e máximas úteis. Essas reflexões estão dirigidas ao indivíduo que, imerso em relações sociais complexas, deve desempenhar o seu papel no *theatrum mundi*. Para fazê-lo, necessita em grande medida da faculdade de julgar; por isso as virtudes do homem barroco são o engenho e o juízo. Gracián toma ambos os conceitos da tradição retórica e os entende como faculdades complementares. O engenho – no sentido de faculdade criativa – apresenta *tópoi* relevantes para a análise de situações e oferece possíveis ações, dentre as quais o juízo escolherá. Tudo depende de que ambos os conceitos – engenho e juízo – coincidam favoravelmente. Que o consigam será obra do cultivo e do fomento, por via do gosto, de ambas as faculdades. O gosto tem assim um significado mais moral que estético: é a instância que submete o impulso genial do engenho à moderação do juízo.

É provável que Gracián seja um dos últimos autores a recorrer à rica tradição dos conceitos de "faculdade de julgar" e "gosto", tradição a que Nietzsche também se junta. Certa-

---

[5] O *Oráculo manual* foi traduzido por Schopenhauer. O apreço de Nietzsche por Gracián pode ser visto em VII, 30[34]. Sobre a leitura dos moralistas franceses, pode-se consultar Donnellan, 1982.

mente, ambos concordam em levar em conta o indivíduo concreto, entrelaçado nos nexos do seu mundo vital, que só tangencialmente é considerado pelas pretensões universais da moral ou da ciência. Entretanto, os contemporâneos de Nietzsche tinham presente uma outra vertente mais recente da tradição dos conceitos de "faculdade de julgar" e "gosto". Ela parte de Kant e se ramifica, por exemplo, no conceito de gênio do romantismo, criticado por Nietzsche na passagem citada anteriormente. Nietzsche sabia perfeitamente que a "faculdade de julgar" e o "gosto" assumiam uma função central na filosofia de Kant (Heftrich, 1991); por isso a menção a uma "faculdade de julgar que escolhe" (*wählende Urteilskraft*) possa ser entendida como uma intenção deliberada de afastar-se da terminologia e do empreendimento kantianos. Como sabemos, Kant distingue entre uma faculdade de julgar determinante e uma faculdade de julgar reflexionante. E atribui à faculdade de julgar a função sistemática de mediação entre a intuição e o conceito. Enquanto a faculdade de julgar determinante tem como tarefa, partindo do geral (o conceito), subsumir a intuição ao conceito, a faculdade de julgar *reflexionante* realiza sua tarefa na direção contrária: parte de uma intuição dada, buscando para ela um conceito geral. Em ambos os casos, trata-se da função mediadora que a faculdade de julgar cumpre enquanto faculdade superior do sujeito transcendental, ou, como diz Kant, de um eu geral. O filósofo transcendental deve deixar conscientemente de lado as possíveis condições empíricas do sujeito (por exemplo, históricas, sociais, biográficas), a favor da obrigatoriedade geral de seu empreendimento. Nesse ponto, Kant estabelece a determinação do conceito do gosto: belo é o que pode ser considerado, sem interesse algum, como objeto de uma complacência universalmente necessária da razão ou dos sentidos (cf. Kant, 1991, §§1-5 e §§18-22). Aqui se manifesta claramente a diferença com Gracián: enquanto para Kant o juízo puro do gosto ostenta a pretensão de uma universalidade subjetivamente necessária, para Gracián o gosto continua sendo o talento individual de um sujeito empírico, interessado em desempenhar bem o seu papel no *theatrum mundi*. O emprego que Nietzsche faz dos conceitos de gosto e faculdade de julgar recorre à rica tradição que os toma como órgãos primordiais para questões éticas e retóricas, como veremos no próximo ponto. É oportuno indicar aqui certos temas que derivam da consideração das passagens citadas no início.

Em primeiro lugar, cabe destacar a problemática proximidade que Nietzsche estabelece entre o pensador e o artista, entre a filosofia e a arte. Enquanto no citado aforismo de *Humano, demasiado humano* o artista é equiparado ao pensador, no apontamento que lhe serve como base somente o artista é levado em consideração. A intenção fundamental de ambas as passagens é, como vimos, refutar a tese da inspiração. Sobre este pano de fundo, Nietzsche põe em relevo o papel da faculdade de julgar e do gosto. E, justamente apelando à faculdade de julgar e à fantasia, apaga as diferenças entre a atividade do artista e a do filósofo.

Uma segunda questão explica as razões da mencionada equivalência. Diferentemente de Kant, para quem a tarefa da faculdade de julgar consiste na mediação entre o entendimento ou a razão e a imaginação, Nietzsche só leva em conta dois termos desta constelação: a faculdade de julgar e a fantasia (ou imaginação). O entendimento ou a razão não são considerados em absoluto; pois, se ele menciona a "idéia da obra de arte, da poesia" ou o "pensamento fundamental de uma filosofia", é para relacioná-los diretamente com a fantasia. É como se pensamentos ou idéias fossem produtos apenas da imaginação, e não do entendimento ou da razão. Por este motivo, as atividades do artista e do filósofo são compreendidas analogamente.⁶ Enquanto Kant procura especificar a tarefa da mediação que a faculdade de julgar realiza entre a intuição e o entendimento (introduzindo, nesse sentido, a diferença entre a faculdade de julgar "determinante" e "reflexionante", seja ela uma limitação da imaginação por parte do entendimento ou uma "harmonia" entre ambas faculdades), Nietzsche reconhece só uma faculdade de julgar: a que "escolhe" (*auswählende*).

É preciso considerar um terceiro aspecto, cuja relevância se poderá apreciar no próximo ponto. Como vimos, o gosto e a faculdade de julgar cumprem para Nietzsche a mesma função. Por essa razão, é oportuno trazer à baila as análises de Kant; sem dúvida, Nietzsche compreende o gosto como característica ou fruto de uma determinada cultura, seja de um indivíduo ou de uma época. Como pensador do Século XIX, toma os distintos juízos de gosto como uma circunstância histórica, que não pode ser negligenciada. Kant, ao contrário, tem diante de si um problema distinto. Seu propósito é fundamentar a pretensão de universalidade dos juízos de gosto, apoiando-se nos elementos formais contidos em todos eles. Desta forma, deixa de lado os conteúdos próprios dos juízos e as diferenças manifestas existentes entre eles.

Estes três aspectos (a proximidade entre a filosofia e a arte, a ênfase numa única atividade primordial da faculdade de julgar: escolher e combinar possibilidades oferecidas pela imaginação, e, por último, o atendimento às formas específicas, históricas, individuais dos juízos) constituem as carac-

---

⁶ Esta compreensão se apóia no ensaio "Sobre a verdade e a mentira em sentido extramoral", escrito poucos anos antes. Nesse ensaio, Nietzsche dá conta da função metafórica primordial da linguagem e de como os conceitos são resíduos de metáforas originárias. Conferir, a respeito, Crawford, 1988.

terísticas mais importantes da maneira pela qual Nietzsche focaliza o problema do gosto em sua obra intermediária. Na medida em que tal enfoque é visto sob critérios sistemáticos e são analisados problemas relativos ao conhecimento, à moral e à arte, abre-se uma rica perspectiva de análise da obra intermediária de Nietzsche (cf. Hanza, 1999). Como pano de fundo, perfila-se uma compreensão da filosofia como preocupação com a própria vida, tal como foi cunhada por Sócrates na tradição filosófica. Diante de Sócrates, entretanto, Nietzsche expressa uma profunda ambivalência: ao mesmo tempo atração, distância, polêmica, deboche e admiração. Observamos principalmente a forma particular com que Nietzsche leva adiante, em notas e aforismos, a sua reflexão: como uma análise de casos que servem para o esclarecimento de problemas fundamentais do conhecimento, a moral e a arte.

2. Distinções em torno da faculdade de distinguir

Indicamos anteriormente que o problema do gosto ou da faculdade de julgar é paradigmático, tendo em conta a forma pela qual Nietzsche enfrenta determinados problemas em sua obra intermediária. *Grosso Modo*, o procedimento consiste em recusar os postulados infundados ou "metafísicos", desmascarar os motivos psicológicos e, finalmente, recorrer a conceitos mais adequados. Este procedimento se inscreve num ambicioso programa, cunhado nas fórmulas "filosofar historicamente" ou, também, mostrar a "química de conceitos e sentimentos", como se anuncia nos primeiros aforismos de *Humano, demasiado humano*.

Um bom exemplo que combina estes aspectos é o aforismo sobre as "Origens do gosto nas obras artísticas" (VM/

OS § 119). Com a intenção de recusar todo "raio de graça", toda inspiração súbita e repentina, como carentes de sustentação na explicação dos fenômenos artísticos, Nietzsche reflete historicamente e procura as origens da arte ou do "sentido artístico". Assim, traça as linhas de um desenvolvimento, cujo início e final se estabelecem sob a mesma determinação: a experiência estética é um enigma, cuja principal característica é o prazer. Unidos ao prazer, encontram-se atividades e estados "psicológicos", como a compreensão, a lembrança, a emoção, o bem-estar, que vão se desenvolvendo e se enriquecendo juntamente com ele. Nietzsche é consciente de que os traços desse desenvolvimento podem ser questionados; por isso o aforismo culmina com uma observação metodológica. É importante perguntar-se, diz-nos, "a *que tipo de hipótese* aqui se renuncia fundamentalmente para explicar as manifestações estéticas" (*idem*). Subentende-se que se trata das hipóteses metafísicas, alvo das críticas desse livro; a suposição, por exemplo, de que o artista obtém a inspiração a partir de um além, encobrindo assim uma dupla vaidade: a do artista, por atribuir uma origem única e especial à sua criação, e a do público, por contentar-se com a pobreza das suas limitações. Nietzsche nos incita a dirigir o nosso olhar à maestria e ao domínio que alcança o artista após muitas buscas e intentos. Utilizemos uma imagem escolhida por ele: o filósofo deve escavar e remover – como um roedor – o solo das nossas opiniões e crenças, jogando por terra a dupla vaidade que se esconde atrás das noções de "inspiração" e "genialidade".

Mas vale a pena reparar também no procedimento metodológico empregado por nosso autor para explicar a experiência estética. Vimos que Nietzsche segue sobretudo o fio do prazer, que, pouco a pouco, vai tecendo experiências mais ricas e complexas, recusando assim que a experiência estética tenha outro sentido, ulterior, superior a esse sentido imediato. O filósofo desmascara a forma pela qual, em virtude da atribuição de um sentido superior, se descuida do seu sentido "mais próximo" (MAI/HHI § 163; WS/AS § 5, § 17, § 350), que, desta forma, é "sublimado" (VM/OS § 119) em favor de suposições arbitrárias. Por isso é importante que se preste atenção aos laços do prazer associados à experiência estética, que sejam tomados como as "coisas pequenas e mais próximas" (*idem*), desvirtuadas e negadas para dar lugar a significados profundos, elevados, ulteriores.

Aproximar-se das "coisas pequenas e mais próximas" é afim ao discurso do aforismo. Graças a ele, observam-se experiências muito distintas, muitos e variados temas são livremente tratados, dirige-se o olhar a aspectos descuidados e desatendidos. Em sua obra intermediária, Nietzsche recorre a distintos tópicos para observar os fenômenos artísticos, recusando uma explicação que os reduza a uma única causa, a uma única origem. A variedade de aspectos considerados significa também um reconhecimento da independência da arte. Mas, sobretudo, expressa-se aqui um desafio à vontade de julgar, a fim de que se tornem plausíveis, na análise, a observação e a descrição dos fenômenos artísticos, os distintos tópicos a que recorre. A concreção do juízo, própria do aforismo, estabelece o essencial de forma concisa e breve, mas torna patente, também, que se trata do juízo e da observação de um determinado autor, guiado por certos tópicos em particular.

Observemos com mais detalhe como Nietzsche se ocupa do gosto em sua obra intermediária. Encontramos as principais referências em *Humano, demasiado humano*, cujos aforismos poderiam agrupar-se em quatro temas principais: o gosto de artistas e povos, o gosto maduro, o gosto e a excelência, e a raiz comum que tem, para Nietzsche, o gosto e o *sapere* (saber).[7]

Esta agrupação esquemática dos aforismos tem necessariamente que deixar de lado o que é essencial e prazeroso na sua leitura, a variada e aguda observação sobre temas díspares e pontuais: livros, costumes, povos, obras, autores, artistas, etc. Mas há certos motivos recorrentes, como os anteriormente indicados, que nos colocam diante daquele traço peculiar e problemático da sua filosofia, antes mencionado: a idéia de que é ineficaz e estéril guiar-se por uma estreita delimitação do estético, perante questões da ética ou do conhecimento. Mas vejamos em detalhe por quê.

Quando se trata de analisar a relação entre o gosto de distintos artistas e povos, Nietzsche leva em conta principalmente os gregos e os modernos, e se interessa em especial pelo que chama de "exemplaridade do grande" ou a "medida grega", cujo significado explicaremos mais adiante. Agora gostaríamos de pôr em relevo o marco no qual esse conceito se formula. Não cair no "defeito hereditário dos filósofos" (MAI/HHI § 2) significa pensar historicamente, isto é, reconhecer-se em uma determinada tradição, mas também oferecer uma leitura coerente da mesma. Abdicar da ilusão de uma imagem humana do eterno, abandonar a metafísica, implica aceitar que o homem é um ser cambiante, mutável, histórico, mas também que as formas que adota não são idênticas, que algumas são mais desejáveis que outras e que depende de

---

[7] Os aforismos 91, 99, 157, 214, 215 e 280 de *O andarilho e sua sombra* ocupam-se do gosto de artistas e povos; o gosto maduro é tema dos aforismos 201 de *Miscelânea de opiniões e sentenças* e dos aforismos 127 e 135 de *O andarilho e sua sombra*; a relação entre o gosto e a excelência é analisada nos aforismos 183, 219 de *O andarilho e sua sombra*, e 125 de *Miscelânea de opiniões e sentenças;* a respeito da relação entre gosto e *sapere,* conferir os aforismos 327 de *Miscelânea de opiniões e sentenças,* e 168 de *O andarilho e sua sombra.*

nós escolhê-las, elegê-las ou criá-las. Assim, não deve surpreender-nos que Nietzsche empreenda uma tarefa que envolve um paradoxo: voltar-se de forma ambiciosa em direção ao amplo espectro do humano, com a modéstia de atender às "coisas mais próximas", às coisas humanas.[8] Mas esta tarefa é viável e ganha sentido se estiver guiada pela possibilidade de escolher algo que envolva nossa própria vida e, se se trata disso, então escolher o melhor.

Agora se entende por que é importante a "medida grega" ou a "exemplaridade do grande", noção tomada do âmbito do estético, mas que Nietzsche estende ao âmbito do ético. Ao referir-se aos gregos, Nietzsche menciona a forma pela qual os artistas ambicionavam vencer na contenda, no *agon*, buscando alcançar a excelência. "Mas esta ambição exigia, sobretudo, que a sua obra alcançasse a máxima excelência (*höchste Vortrefflichkeit*) *perante os seus próprios olhos,* tal como eles compreenderam a excelência, sem levar em conta o gosto que imperava e a opinião geral sobre o excelente numa obra de arte" (MAI/HHI § 170). A importância da arte grega radica no fato de que os seus artistas "queriam *ser* realmente excelentes" (*idem*), de tal forma que, diante de obras de *outros artistas*, quer dizer, diante de outras formas de apreciar e empregar os meios artísticos, apresentavam os *seus* próprios critérios para julgar a arte. Mas, também, por sua ambição, "exigiam a aprovação externa da sua própria apreciação, a confirmação dos seus próprios juízos" (*idem*). Para contar com esta confirmação, "educavam juízes artísticos (...), os quais apreciavam as suas obras, de acordo com os critérios estabelecidos por eles" (*idem*).

---

[8] Conferir, em especial, WS/AS § 6.

É oportuno reconhecer aqui as duas chaves, a psicologia e a história, que Nietzsche emprega preferencialmente na obra intermediária e que não abandonará, desde então, na leitura do amplo domínio do humano. Possuir a ambição da excelência é um motivo psicológico, mas esta se exibe em determinadas obras, alcançadas pelos critérios, pelo juízo, pelo gosto de determinados artistas que querem tornar-se excelentes numa determinada constelação histórica. No aforismo intitulado "Sobre o caráter adquirido dos gregos", vê-se como Nietzsche amplia os motivos psicológicos e históricos, que, no âmbito do ético, animam a criação artística. De forma polêmica, Nietzsche escreve contra a suposição de que as características mais apreciadas dos gregos, a sua clareza, transparência, simplicidade e ordem, tenham sido um "presente". "A história da prosa, de Górgias até Demóstenes, mostra um trabalho e uma luta para sair do escuro, sobrecarregado, sem gosto, para a luz (...)" (VM/OS § 219). Nietzsche interpreta os momentos decisivos da história da literatura grega como "feitos" de Homero e dos trágicos: "A simplicidade, a flexibilidade, a sobriedade são *conquistadas* para o povo, não concedidas – o perigo de uma recaída no asiático pairava sempre sobre os gregos, e caia efetivamente sobre eles de tempo em tempo, como uma escura inundação de emoções místicas, selvageria elementar e trevas. Nós os vemos submergir, vemos a Europa como que arrastada, alagada – pois naquele tempo a Europa era muito pequena –, mas sempre eles retornam à luz, como bons nadadores e mergulhadores que são, o povo de Odisseu" (VM/OS § 219).

Limitamo-nos apenas a uns poucos aforismos para manifestar como, para Nietzsche, a noção de gosto expressa uma idéia fundamental, a saber, que graças a nossa faculdade de julgar, a nossa faculdade de distinguir, somos capazes de reconhecer distintos critérios de valoração, de escolha dentre diversas possibilidades; e como no gosto se articulam nossos próprios critérios singulares de valoração. Uma rápida leitura dos aforismos em que Nietzsche se refere ao gosto revelaria a variedade dos temas que aborda, desde os clássicos da literatura até a digestão dos diplomatas, desde as origens da cultura européia até as modas e costumes, desde a música até o trabalho e a sociedade moderna. Numa leitura atenta dessas observações e anotações, pode-se perceber a intenção que Nietzsche tem de estabelecer, através de juízos certeiros, precisos, pontuais, mas também exploratórios e lúdicos, seus próprios critérios de valoração, sua própria maneira de dar conta do lugar no qual ele, como indivíduo, como escritor, como livre-pensador, como filósofo, em suma, se posiciona e se distingue.

Até o momento, vimos de que forma o gosto tem para ele uma conotação principalmente estética, e indicamos também que esta dimensão é ampliada em direção ao âmbito do ético. É manifesto que, graças ao gosto, Nietzsche se insere fundamentalmente numa determinada tradição literária, mas não no sentido de procurar uma norma a-histórica, mas sim no de explanar, perante nossos olhos, a continuidade daquela tradição, enfatizando que o homem não tem uma determinação fixa ("*der Mensch ist geworden*", MAI/HHI § 2); ao contrário, que ele é mutável, variável, em resumo, um ser histórico. No interior dessa tradição, são possíveis as mudanças, as variáveis, as transformações, na medida em que seus momentos cruciais constituem um esforço para alcançar a "excelência". Notemos que, em cada caso, há uma relação histórica frutífera e uma tensão entre os artistas e os povos; destaquemos que, na arte, habita uma dinâmica excepcional, que Nietzsche especifica como "agonística", como a busca da "excelência". Diferentemente da noção "metafísica" de "inspiração", tal relação "agonística" serve a Nietzsche como fio condutor para manifestar outros aspectos fora do âmbito do estético: a idéia de que a arte pode contribuir para dar "forma" ao homem, pode promover suas habilidades e desenvolver suas virtudes. Assim, a arte oferece um modelo para tornar plausível a tese sobre a radical historicidade do homem. "Filosofar historicamente" implica, pois, atentar para uma tradição fundamentalmente literária, que dá conta dos *éthoi*, dos costumes. Poder-se-ia aqui qualificar este pensamento como estetizante, o que, em geral, peca pela inocuidade. Ou poder-se-ia voltar a atenção em direção a um problema essencial e tratar de desentranhar, como persistentemente o faz Nietzsche nos apontamentos desses anos, a "química dos conceitos e sentimentos" (MAI/HHI § 1). Poder-se-ia, então, ancorar todo enunciado valorativo em projeções subjetivas de sentido, procurando dar lugar à arbitrariedade, isto é, à possibilidade de reduzir todo sentido a juízos fisiológicos e preferências valorativas. Enquanto a tese estetizante é inofensiva, movemo-nos aqui em terreno perigoso. Mas, em ambos os casos, esquecemos quão importante é para Nietzsche pensar historicamente, isto é, indagar a própria tradição, porque nela prevalece a coerência, e não a arbitrariedade.

O traço literário de sua filosofia tem, ele próprio, uma tradição, a do *sibi scribere*. A escrita filosófica de Nietzsche se inscreve em modelos tomados da Antigüidade e da Modernidade: em estóicos e epicuristas, em autores como Montaigne, Pascal, Gracián, Stendhal, Schopenhauer. Na Modernidade, tais modelos são associados principalmente à literatura e não ao *sensus communis*; isto é, são deixadas de lado as pretensões éticas, estéticas e cognitivas do senso comum.

Contra a suposta arbitrariedade de preferências subjetivas, pode-se argumentar que o estudo e a confrontação com a própria tradição tem razão de ser, se se pressupõe que se pode ganhar algo deles para a própria – "excelente" – vida.

Nietzsche não menospreza em absoluto este esforço individual, mas, ao contrário, coloca-o constantemente em relevo e interpreta-o como imerso numa determinada tradição, na qual cada indivíduo pode afirmar-se ou opor-se. Esta possibilidade é oferecida pela própria tradição. A imposição de preferências arbitrárias está limitada pelo fato de que o indivíduo só pode perfilar-se na relação com os outros. O impulso ético pela afirmação da própria vida não é possível sem o contato com os outros, vale dizer, com outros critérios, preferências, valorações, com outras formas de gosto.

Do modelo da arte, Nietzsche extrai a noção de que no âmbito estético há pouca margem para a arbitrariedade: os artistas devem realizar – no âmbito de critérios singulares que competem entre si – sua própria medida de "excelência". Subjetiva é a ambição, o impulso ao *agon*. Objetivas são suas obras, e elas oferecem critérios singulares para julgar a "excelência".

O gosto, com a sua carga vital e singular de um corpo e um espírito que distinguem, escolhem e julgam, é – ele mesmo – um excelente *tópos* para explorar e inquirir sobre as "coisas mais próximas", sobre as coisas humanas. Nele se revelam quais tipos de coisas se distinguem ou não, como e por quê; perfilam-se, também, os critérios unidos à "grande razão do corpo" (Za/ZA, Dos desprezadores do corpo), uma fórmula que Nietzsche utilizará depois contra os metafísicos e idealistas de todo gênero. Ainda mais, a filosofia e o gosto, tal como ele os entende, empenhados em afirmar o gosto e o ânimo por viver a própria vida, têm, inclusive, etimologicamente uma raiz comum: *sapientia* e *sapere*: "Bem-aventurados os que têm gosto, inclusive se for mau gosto! – E não só bem-aventurados; alguém pode inclusive tornar-se sábio unicamente graças a esta faculdade: por isso os gregos, que eram muito refinados nessas coisas, designaram o sábio com a mesma palavra que significa *o homem de gosto*, e chamaram a sabedoria, tanto estética quanto cognitiva, justamente de 'gosto' (*Sophia*)" (VM/OS § 170).[9]

---

[9] Conferir também KGW II, 4, 217 ss., PHG/FT § 3, VIII 30[93]. Derivar, como nos propõe Nietzsche, o conceito de gosto da palavra grega *Sophia* é uma audácia filológica e não pode ser demonstrado etimologicamente. A etimologia latina que deriva *sapientia* de *sapere* é, porém, conclusiva. Confira a respeito Walde & Hofmann, 1982.

NIETZSCHE POR HEIDEGGER: CONTRAFIGURAS PARA UMA PERDA*

Mónica B. Cragnolini**

Ninguém pode negar que a interpretação heideggeriana de Nietzsche inicia uma nova etapa nos estudos nietzschianos, pois concedeu ao filósofo, até então recepcionado fundamentalmente como literato ou como pensador algo isolado, um lugar privilegiado na história da filosofia. Ninguém pode negar que Nietzsche é uma presença constante na obra de Heidegger e que este dedicou àquele mais páginas do que a qualquer outro pensador. Tampouco se pode negar a maneira sistemática com que os pensamentos do eterno retorno, da vontade de potência e do além-do-homem[1] são entrelaça-

---

* Artigo publicado em *Cadernos Nietzsche*, n. 10, 2001, p. 11-25. Tradução de Wilson Antonio Frezzatti Jr.
** Professora da Universidade de Buenos Aires.
[1] Traduzimos o termo "superhombre" (cujo termo original, em alemão, é *Übermensch)* por além-do-homem porque entendemos que o prefixo "über-", no conceito nietzschiano de *Übermensch*, remete ao sentido de superação da humanidade. No entanto, em outros termos utilizados por Cragnolini para se referir à interpretação heideggeriana de *Übermensch,*

dos em uma arquitetura filosófica que se torna convincente e se mostra sólida, demasiado sólida.

No entanto, nessa sólida arquitetura, o pensador do perspectivismo e da multiplicidade de interpretações transforma-se no antecessor da tecno-ciência e de seus caminhos unilaterais; o filósofo do risco converte-se no pensador da máxima segurança do ente na vontade calculadora de valores; o homem que busca um resposta ante o niilismo e a falta de sentido se transmuta no maior aprofundador dos mesmos.

É certo que, apesar da coerência arquitetônica, não se pode falar de uma única interpretação heideggeriana do pensamento nietzschiano, mas de diversas etapas interpretativas. Neste trabalho, faremos referência à "segunda" etapa, a que considera Nietzsche como aquele que por último pensa e aquele que perfaz a metafísica da subjetividade. Em uma primeira etapa interpretativa (os trabalhos de 1936 a 1937, coligidos em *Nietzsche* I), o filósofo é interpretado fundamentalmente como "inversor" do platonismo, o qual, contudo, não repete o esquema platônico mas apresenta "outro" pensamento. Em uma segunda etapa *(Nietzsche* II e os escritos de *Holzwege* "Gott ist tot" e "Die Zeit das Weltbildes"), Nietzsche não é somente o inversor mas o aprofundador da história da metafísica (escritos dos anos de 1940-1946). A partir de 1950, abre-se uma terceira etapa de interpretação, presenciada em *Was heisst denken,* na qual de certo modo

---

mantivemos o prefixo "super-". Tais palavras são as seguintes: "supersujeito" (super-sujeito), "super-representativa" (super-representativa) e "super-razón" (super-razão). Adotamos esse critério porque, na interpretação heideggeriana, o prefixo "super-" desses termos tem o sentido de potencialização ou de exacerbação de certas capacidades do próprio homem, pressuposto para considerá-lo como dominador da natureza através da técnica e da ciência (nota do Tradutor).

se repetem alguns aspectos da primeira etapa de reflexão: Nietzsche já não seria o pensador do além-do-homem como "super-sujeito" representativo calculador, mas a figura do além-do-homem é aproximada à arte e à poesia. Em um dos assim chamados "bilhetes da loucura" de janeiro de 1889, dirigido a Georg Brandes, Nietzsche assinala:

> Após me haver descoberto, não significa grande coisa me encontrar: o difícil, agora, é me perder (Nietzsche, 1986, Vol. 8, p. 573).

Nietzsche queria ser "perdido" e Heidegger o "segura" demasiado. E, no entanto, o perde em outro sentido: perde a força de seu pensamento para seu próprio pensamento, aquele que pretende ir além da história da metafísica da subjetividade. A idéia da "perda" nietzschiana supõe toda uma forma de conceber a filosofia, na qual esta é risco e possibilidade, ficção e interpretação. A "perda" implica a não-conversão do pensar em dogma e sistema sólido, resguarda das "festas do asno" concebidas como novas formas de celebração de deus ou de suas sombras. A perda utiliza a máscara do mestre, como Zaratustra, que parece um propalador de ensinamentos e doutrinas, mas que em realidade somente ensina que "o caminho não existe", que nada pode ser aprendido, exceto aprender a desprender-se do aprendido e também a desprender-se do próprio desprendimento. Gesto ambivalente do mestre que, ao mesmo tempo que fala, diz "esqueça o que digo".

Para Heidegger, perder Nietzsche significa pensar o não-pensado por seu pensamento. Daí que o ouvido heideggeriano se mostre aberto e atento, escutando o não pronunciado pela linguagem (Heidegger, 1954, p. 22 e ss.; p. 62 e ss.). No mercado, Zaratustra perguntava-se ante os últimos homens:

Deve-se antes romper-lhes os ouvidos, para que aprendam a ouvir com os olhos? (Za/ZA, Prólogo, § 5).

Estaria o ouvido de Heidegger "aberto" para escutar o que Nietzsche diz e não diz ou não necessitaria, como nós necessitamos cada vez que convertemos este pensamento em algo demasiado sólido, de uma ruptura que mostre a importância das transformações – mais que das solidificações – para Nietzsche? Por outro lado, o paradoxo produzido por esta interpretação de Nietzsche é o fato de que existe demasiada presença nietzschiana "não assumida" na obra de Heidegger e que essa presença se torna visível justamente naqueles pontos que representariam uma via diferente frente aos modos de filosofar, nos quais inclui Nietzsche. Refiro-me à metafísica da subjetividade e seu perfazimento na tecno-ciência: Heidegger converte Nietzsche no último elo dessa cadeia quando, paradoxalmente, se poderia pensar que o pensamento nietzschiano permite uma "saída" de tal metafísica, enquanto possibilidade diferente de pensar.

Abordarei três pontos da análise interpretativa de Heidegger para mostrar depois a presença velada de Nietzsche no pensamento heideggeriano: a imagem do "desventurado que abriga desertos", a idéia do além-do-homem como supersujeito representativo na vontade calculadora de valores e a concepção do pensador antecessor da tecno-ciência. Oporei a elas, respectivamente, a imagem do "habitante temporário de desertos" ou viajante, a idéia da constituição da subjetividade a partir da vontade de potência como "razão imaginativa" e a concepção do pensador do perspectivismo e dos múltiplos caminhos.[2]

---

[2] Desenvolvo esses temas amplamente no meu livro *Nietzsche, camino y demora*.

1. Aquele que abriga desertos, o além-do-homem e o pensar calculador

Em *O que significa pensar,* a expressão nietzschiana "o deserto cresce" é assimilada à heideggeriana "o gravíssimo desta grave época é que ainda não pensamos". O operar da tecno-ciência, enquanto modo de pensar que calcula, não pensa (no sentido da demora) mas "salta" de um ponto a outro em busca de resultados. Esse operar é mais interessado em resultados do que em caminhos.

Se o deserto cresce, nessa nulificação que a tecno-ciência provoca, caberia perguntar se o pensar nietzschiano é um pensar gerador e amparador de desertos. Em *Nietzsche* II, Heidegger responde de maneira clara e categórica: o modo de pensamento possível a partir da *Wille zur Macht* não somente representa um "diagnóstico" de uma situação – o crescimento de desertos por obra do niilismo –, mas, ao mesmo tempo, é um aprofundamento de tal situação. Se a vontade de potência é pensada como uma vontade super-representativa, calculadora de valores, o caminho a *Gestell*[3] está aberto. "Desventurado aquele que abriga desertos", diz Nietzsche: Heidegger, em *Nietzsche* II, transforma o pensador do eterno retorno nesse desventurado, na medida em que o deserto abrigado em seu pensamento parece o ponto de partida da desertificação total: o pensar unilateral da tecno-ciência.[4]

---

[3] *Gestell,* em alemão, é, em seu sentido comum, cavalete, estante de livros ou armação. Esse termo é utilizado por Heidegger para designar o modo que se realiza o confronto entre o homem e a técnica. Esse uso do termo, de difícil tradução, aparece no texto *Identidade e diferença* (nota do Tradutor).

[4] O além-do-homem do *Nietzsche* II é esse desventurado, enquanto que a relação com a arte que lhe é atribuída em *O que significa pensar* – que

A essência do niilismo é a história na qual já não há "nada" do ser. Heidegger se pergunta se Nietzsche superou, como pretendia, tal niilismo e responde negativamente: na metafísica nietzschiana está visível o niilismo propriamente, no qual do ser "nada permanece" (Heidegger, 1961, Vol. II, p. 335 e ss.). A pretendida destruição do niilismo (o niilismo integral nietzschiano) pertence, para Heidegger, à própria história do niilismo, já que a interpretação do ser como valor determina a concepção da história da metafísica como "niilismo": história da desvalorização dos valores supremos. A destruição dos valores levada a cabo por Nietzsche aprofunda aquela desvalorização, na medida em que se realiza desde o ponto de vista da instituição de valores, desde a interpretação de uma vontade de potência calculadora. E mais, a verdadeira história do niilismo cumpre-se, realiza-se e aperfeiçoa-se na filosofia nietzschiana, já que no valor não permanece nada do "ser". Interpretar *Wille zur Macht* como vontade calculadora de valores permite a Heidegger fazer de Nietzsche o grande hospedeiro de desertos e a perfeição e o cumprimento do niilismo,[5] niilismo que se priva, ao mesmo tempo, da possibilidade de conhecer sua própria essência.

Ao niilizar-se o supra-sensível, somente permanece a "terra" como ponto de partida para a instauração de valores e a "nova ordem" converte-se em "a incondicional soberania da pura potência exercida pelo homem sobre o globo terrestre" *(id., ibid.,* p. 34). A nova ordem exige uma nova posição da essência do homem: Nietzsche deve criar a figura do além-

---

pertence à etapa interpretativa anteriormente assinalada como terceira – o afasta, em certa medida, dessa interpretação.

[5] "O pensamento, tal como foi até agora, é metafísica e o pensamento de Nietzsche representa provavelmente seu cumprimento" (Heidegger, 1954, p. 80).

do-homem (*Übermensch*) como a suprema figura da suprema vontade de potência, incondicional soberania da suprema força. A idéia de além-do-homem deve ser assentada, na segunda etapa da interpretação heideggeriana, no contexto da história da metafísica da subjetividade, na qual o homem transformado em *subjectum* é o "centro de referência do ente enquanto tal", ente que, por sua vez, foi transformado em *objectum*. O sujeito da representação converte o mundo em imagem: o ente é somente na medida em que é estabelecido pelo homem que o re-apresenta[6] (*Vor-stellen*). Enquanto que na época cartesiana, o acento estava posto no prefixo do termo *Vorstellen*, a "metafísica" nietzschiana evidencia-se no verbo (*Vorstellen*), constituindo-se no antecedente de *Gestell*. Inscrita na história da metafísica da subjetividade, a vontade de potência nietzschiana aperfeiçoa a subjetividade representativa cartesiana: projetando valores como condições para sua conservação e superação, a vontade projeta suas próprias condições de ultrapassagem, "representando-as" na forma de "números", esse *plus* de potência que a vontade sempre deseja. Como *quanta* de potência, essa vontade calculadora é um modo perspectivo de calcular suas próprias condições de intensificação.

Quem representa a vontade de potência como *subjectum* supremo incondicionado é o além-do-homem, figura do homem técnico que domina a terra com seu pensar calculador. Após Nietzsche, o niilismo mostra-se na indiferença ante a verdade do ente em sua totalidade. Fascinado pelo ente, indiferente ao ser, o mundo da tecno-ciência converte este em "nada"

---

[6] No texto original, a palavra utilizada é "re-presenta", que se sobrepõe à palavra "representar". "Presentar", em espanhol, significa apresentar, mostrar, pôr em presença de (nota do Tradutor).

Em que se transforma o pensar para esse super-sujeito da representação? Para o além-do-homem, "pensar" é "calcular", como modo de assegurar as condições de intensificação da potência por parte da vontade de potência. Na interpretação heideggeriana, o além-do-homem é a inversão da clássica definição do homem como *animale racionale:* a *ratio* coloca-se agora a serviço da *animalitas,* entendida como conjunto de impulsos por potência. O representar da vontade de potência implica uma inversão da primazia do ato de representar para a primazia do querer: agora a razão se transforma em "razão atuante". Mas essa representação do querer é uma representação "incondicionada", na medida em que a vontade de potência não quer nada fora de si mesma. A partir dessa inversão da subjetividade do ato de representar para subjetividade da vontade de potência, a razão perde sua antiga hegemonia como "via" para o projeto do ente. No entanto, neste momento, devemos salientar que nesse caso não há essa inversão da idéia de animal racional indicada por Heidegger, já que ele caracteriza a animalidade como vontade de potência e a vontade de potência como vontade de cálculo: super-razão do projeto tecno-científico de dominação da terra.

O além-do-homem domina a terra em virtude de uma "maquinização" das coisas. Segundo Heidegger, em "Gelassenheit", Nietzsche reconhece o "caráter metafísico" da máquina,[7] o que torna possível essa dominação do ente – como controlável e passível de acumular energias. Nesse sentido, o pensamento inaugurado por Nietzsche na idéia de vontade de potência como vontade calculadora desde o operar de uma subjetividade representativa constitui, para Heidegger, um pensar "enclausurador". Esse pensar enclausura porque dá

---

[7] Heidegger faz referência a WS/AS § 218.

uma resposta definitiva e fechada acerca do ser do ente e, nesse sentido, não pode oferecer nenhuma opção diferente frente ao niilismo do "nada do ser", exceto seu aprofundamento a partir de suas próprias idéias metafísicas.

2. Contrafiguras

Ressaltei anteriormente a possibilidade de contrapor outras figuras e idéias a essas idéias heideggerianas, contrafiguras que estão presentes em Nietzsche e que se relacionam, segundo meu parecer, com o próprio pensamento de Heidegger em seu intento de ir além da metafísica da subjetividade. Este é o "não-pensado", porém não do filosofar de Nietzsche, mas do que Heidegger lê desse filosofar.

Indicou-se como se constitui, na interpretação heideggeriana, a inter-relação entre a idéia daquele que abriga desertos, o além-do-homem como subjetividade representativa e o pensamento calculador. Ante à idéia daquele que abriga desertos, poder-se-ia indicar a do "viajante", como "habitante temporário" dos desertos, e opor a contrafigura do além-do-homem pensado a partir de uma interpretação de *Wille zur Macht* como "razão imaginativa" e de uma interpretação, relacionada, com a anterior, do pensar perspectivo ou de múltiplos caminhos. A característica dessas contrafiguras é que elas põem em questão o caráter "fixador" da interpretação heideggeriana, pois apontam para aquela perda, aquele gesto ambivalente do mestre, assinalados no início deste trabalho. E o que aqui se "perde" é a conversão do pensamento nietzschiano em uma figura da metafísica da subjetividade, para vislumbrá-lo como uma possibilidade de pensar em um caminho diferente do transitado por essa metafísica.

Para caracterizar essa possibilidade, podemos partir da contraposição entre o perspectivismo nietzschiano e o pensar calculador. Segundo Heidegger, a filosofia deve ser uma constante formulação de problemas, o "caminho" presente na epígrafe de suas obras *"Wege, nicht Werke"*. Se a filosofia desse "respostas", transformar-se-ia em "doxografia". Diante disso, para Heidegger, Nietzsche não só deu uma resposta segura e fechada para a problemática do ser, mas também tornou possível as bases metafísicas do modelo por excelência da resposta que "dissolve" os problemas no paradigma tecno-científico calculador, o pensar incapaz de "demorar-se" em seus objetos.

Ante essa concepção da vontade de potência calculadora, é possível outra interpretação dessa vontade, a qual, tendo em conta o aspecto calculador, dê conta também de outros matizes. Nietzsche pergunta-se:

> A possibilidade de calcular o mundo (*die Berechenbarkeit der Welt*), de expressar tudo o que acontece por fórmulas – é realmente "um compreender"? (XII, 7[56]).

Se interpretarmos o compreender como abarcando algo mais do que a "logicização" do mundo (termo muito utilizado nos *Póstumos* para indicar a necessidade das ficções lógicas na tentativa de ordenamento do caótico e do que vem-a-ser), é necessário ter em conta também o aspecto multiplicador de sentidos:

> À medida que, em geral, a palavra "conhecimento" adquire um sentido, o mundo é cognoscível; porém é *interpretável* de distintas maneiras, não tem um sentido por detrás de si mas inúmeros sentidos (*unzählige Sinne*). "Perspectivismo" (XII, 7[60]).

Pensar *Wille zur Macht* como força interpretativa – algo possível a partir do conhecido fragmento póstumo intitulado "Exotérico – Esotérico" – possibilita entender esse "compreender" a que alude Nietzsche como o jogo de um duplo operar: aquele do tradicionalmente chamado razão (o aspecto de logicização do mundo) e aquele do tradicionalmente considerado imaginação (a possibilidade de multiplicar os sentidos). Com a interpretação da vontade de potência como *razão imaginativa*, é possível ter em conta tanto o caráter universalizador, estruturante e esquematizador da racionalidade quanto a qualidade singularizadora, recriadora e reestruturante da imaginação. A imaginação é a força multiplicadora de sentidos que possibilita, uma vez destruídas as metafísicas "monoteístas" e mumificadoras do conceito, a contínua recriação das perspectivas. Mas essa recriação não é o operar de um super-sujeito representativo que exerce o domínio do ente, como pretende Heidegger, mas, ao contrário, e com um termo de Vattimo, de um sujeito debilitado (Vattimo, 1989, *passim*).

A idéia de vontade de potência como razão imaginativa caracteriza um operar interpretativo e configurador da realidade que, em tal tarefa, realiza um constante movimento de aglutinação de forças em torno de um centro – estruturação – e de dispersão das mesmas – desestruturação – para novas criações de sentidos. A dispersão do sentido, o afastamento do centro, é o modo de preservar-se das respostas últimas e das seguranças das filosofias que procuram *arkhaí*. Na modernidade, a *arkhé* constitui o próprio sujeito, como ente que representa. A idéia da vontade de potência como razão imaginativa permite pensar o sujeito múltiplo: aquele que designa com o termo "sujeito" ou "eu" a essas aglutinações temporárias dos *quanta* de potência que lhe permitem, por exemplo, atuar, ou pensar, sabendo que o "sujeito" é uma ficção. Se o sujeito é ficção, o "objeto" e a relação que os une, a representatividade, também são. O modo de conhecimento que Nietzsche desenvolve a partir das noções de "falsificação", "ficção" e "interpretação" não é fundamentalmente representativo, enquanto "fixador" do ente em questão. Penso que conceber os entes segundo uma única perspectiva implica um dos modos da maior dominação e fixação do ente, algo que a metafísica buscadora de fundamentos sabe demasiado. Musil dizia que os filósofos são militares sem exército e Nietzsche também fala da tirania do espírito. O perspectivismo, como filosofia possível a partir desse operar da vontade de potência como razão imaginativa, assinala uma maneira de romper com essa fixação última do ente, não desde uma posição pretensamente asséptica e "livre de dominação", porém desde uma postura que admite o elemento de domínio presente na interpretação, mas que destrói constantemente esse domínio para evitar o anquilosamento em figuras últimas. O mumificado, efetivamente, é o mais dominável. O perspectivismo mostra aquilo que está presente no sonho de Zaratustra como cuidador de sepulcros que libera a vida em forma de borboletas, crianças e anjos (Za/ZA II, O adivinho).

Esse perspectivismo trabalha com a idéia de verdade como "erro útil", o que supõe somente fixações provisórias ante a noção de "certeza" própria do pensar representativo. Heidegger caracteriza a noção de verdade de Nietzsche como certeza para inseri-lo nessa tradição que o mesmo Nietzsche intenta destruir. E aqui é necessário ter em conta que a destruição nietzschiana se importuna com essa tradição da metafísica por "razões vitais", pelos efeitos que gerou a metafísica e a moral na vida dos homens, nos modos de sujeição que caracterizam as formas de vida do Ocidente. As "seguranças" nietzschianas (o elemento de unidade, ou de "forma", presente em toda perspectiva) são provisórias: o filósofo não esquece que está construindo sobre o *Abgrund,* sobre o sem-sentido da des-fundamentação. Eis aqui o risco.

Por isso, o Nietzsche da *Wille zur Macht* entendida como razão imaginativa frente ao Nietzsche heideggeriano da *Wille zur Macht* como cálculo oferece uma possibilidade para um pensamento que, em lugar de antecipar o caminho da razão instrumental que não se detém em nenhum ponto – e assim sendo, sem demora, "não pensa" –, abre as portas para outro modo de pensar não fixador. O operar conjunto do aspecto estruturante e imobilizante da razão, que deve "fixar" o que é (e, nesse sentido, "fechar" em parte as questões), e do caráter desestruturador e multiplicador de sentidos da imaginação, que "rompe" constantemente com as formas fixas e recria sentidos, impede o fechamento do pensar em figuras mumificadas, figuras que, como tais, permitem o exercício indiscriminado do domínio. No perspectivismo, melhor que enclausurar pensamentos, trata-se de recriá-los, de romper com as respostas últimas, com as filosofias das respostas finais que, como assinala o prólogo de *A gaia ciência,* sempre levam a suspeitar quanto de enfermidade e de necessidade de segurança havia no filósofo que as engendrou.

Nietzsche é, como Zaratustra, um dos que abandonaram a casa do saber, o templo da sabedoria, batendo a porta.[8] Uma vez abandonadas as seguranças, a filosofia transforma-se em uma viagem constante no deserto do sem-sentido, porém não se trata de abrigar o deserto, mas de atravessá-lo. O viajante não encontra seu lugar "último" em nenhum local: "um nômade sou eu em todas as cidades e uma despedida

---

[8] "Pois esta é a verdade: abandonei a casa dos doutos e, além disso, bati a porta a minhas costas" (Za/ZA II, Dos doutos).

diante de todas as portas" (Za/ZA II, Do país da cultura). A filosofia perspectivista é um exercício constante da despedida e do adeus: às certezas, às últimas seguranças, aos sistemas demasiado sólidos.

Desde a morte de Deus, já não há casa nem solo seguro para o homem: desvelado o abismo da desfundamentação, o filosofar transforma-se em um risco constante, em uma viagem provisória na qual toda a casa também é provisória: tendas no deserto do sem sentido. O filósofo do niilismo futuro não é aquele que abriga desertos, mas o que neles transita, aquele que, ante ao filósofo do niilismo decadente, que dirige seus esforços e pensamentos em uma só direção, exercita a possibilidade de "diversificar-se", de ter muitas almas, de eludir a existência fixada em uma figura única e consistente. Múltiplas máscaras ante à necessidade de rosto último do decadente, pensamento concebido como "dança" ante à marcha desengonçada do douto.

Enquanto a razão hipertrofiada da filosofia criticada por Nietzsche tende a soluções últimas, a razão imaginativa, em sua consideração da multiplicidade, da riqueza de aspectos daquilo do que se ocupa o pensamento, mas, ao mesmo tempo, da necessidade de unificar para poder pensar sem se perder no anárquico, gera perspectivas provisórias. O pensamento para Nietzsche é "algo leve, divino, estreitamente afim da dança" (JGB/BM § 213), enquanto que para os decadentes o pensar é "um penoso ter-que-seguir e ser-forçado" (*idem*) na direção única que marca a busca do fundamento. O conceito de vontade de potência como razão imaginativa não procura uma conciliação ou síntese da multiplicidade e da dispersão, mas é um modo de assumir ao mesmo tempo o fragmentário e a necessidade de falsificação da unidade. Não existe, portanto, caminho que vá do fragmentário até a unidade – este é o modo de operar próprio da metafísica que busca fundamentos –, nem tampouco o caminho contrário, que destrói o universal somente para se perder no fragmentário. A pura dispersão na fragmentação costuma ser, por vezes, um modo diferente de "segurança". Diante disso, o pensar é nômade na medida em que nenhum caminho está traçado de antemão e na medida em que deve atravessar o deserto do niilismo buscando moradas provisórias.

O pensamento, para Nietzsche, é um ir-e-vir constante em uma viagem sem finalidade (*atelos*), na qual o fio de Ariadne não se mantém esticado em direção à *arkhé*, como na metafísica, mas se arrisca nos desvios, nos caminhos laterais e marginais, aos quais Heidegger denomina "*Holzwege*", caminhos na floresta que, afastados do caminho principal, faz o lenhador. Por isso, Nietzsche deve ser "perdido": nenhuma figura de seu pensamento pode fixá-lo em uma doutrina, já que a aposta é a do risco de pensar, risco que significa o contínuo desprendimento e desfazer-se de toda idéia que estimule demasiado a segurança. E não existe pior segurança, no pensamento, do que a de crer que se "possui" uma verdade última: assim sendo, sim, Nietzsche estaria definitivamente morto.

DE NIETZSCHE A HEIDEGGER: "VOLTAR A SER NOVAMENTE DIÁFANOS"*

JOSÉ JARA**

I

Em vários de seus escritos sobre Nietzsche, Heidegger reitera e lhe reconhece a condição de ser um dos pensadores decisivos da tradição filosófica ocidental, pois ele entende que através de seu pensar se põe em jogo o presente e o futuro do trabalho da filosofia. Assim, na primeira Lição que Heidegger deu sobre Nietzsche na Universidade de Freiburg entre 1936-37, sob o título de "A vontade de potência como arte", incluída em 1961 em seu livro *Nietzsche,* ele assinala que para aceder à "singularidade" deste pensador é preciso situá-lo e entendê-lo desde dentro "do movimento filosófico fundamental do pensar ocidental", pois assim ganha seu pensar em "determinação e somente assim se converte em fecundo" (Heidegger,

---

* Artigo publicado em *Cadernos Nietzsche*, n. 10, 2001, p. 69-100. Tradução de Alberto Marcos Onate. Revisão técnica de Luís Rubira.
** Professor da Universidade de Valparaíso no Chile.

1961, Vol. I, p. 79). Em outras Lições posteriores, dos anos 1940 e 1944-5, Heidegger assinala que para fazer fecunda essa "singularidade" de Nietzsche é preciso entabular um "encontro" com ele que se apóie no "livre de uma decisão" (*idem*, 1990, p. 98). E apesar de que nesse mesmo texto ele agrega que se trata de um encontro "pensante, não comparativo", pois "nenhum pensar surge desde outro, senão só desde o que a ele se lhe dá-a-pensar, ainda quando não há pensar sem precedentes", também indica nesse mesmo contexto que esse encontro é uma *Aus-einander-setzung*, um pôr-separar-um-com-outro, isto é, um enfrentamento onde se enfrentam dois pensamentos: "o pensado por Nietzsche" e o que para ele é "digno de ser pensado" (*idem*, 1961, Vol. I, p. 84). Deste modo pode concluir Heidegger ali que seu encontro e enfrentamento com Nietzsche é uma "réplica", *Entgegnung*, na qual "se libera o pensar da região do antagonismo (*Gegnerschaft*) – na pertença ao mesmo" (*id., ibid.*, p. 87).

Deve ficar claro, todavia, que esta liberação do antagonismo se produz a partir do que para Heidegger é "o mesmo", o "digno de ser pensado", isto é, desde o essencial assumir aquela pergunta que uma e outra vez ele propõe e reformula de distintas maneiras, desde os começos de sua obra e até o final dela: a pergunta pelo ser. Esta é a pergunta que tem de ser recuperada desde o esquecimento em que caiu, até que se aceda àquele caminho que permita sair do extravio e da inautenticidade que se evidencia na "omissão da ausência" do ser, aquela que finalmente se consuma no niilismo, enquanto a partir da "mera e ruidosa afirmação dos entes como tais não (se) admite nada e tampouco (se) pode admitir o que poderia concernir ao ser mesmo" (*id., ibid.*, Vol. II, p. 360-1).

Nesta ocasião nos propomos deter-nos na interpretação oferecida por Heidegger de somente um dos conceitos decisivos elaborados por Nietzsche em sua filosofia, o conceito de vontade. A eleição deste tema tem em vista a projeção que ambos lhe concedem, em cada caso de maneira diferente, à noção central que dali deriva: a vontade de potência, com o propósito de esboçar um deslinde mínimo do que esta noção significa para cada um deles. Porém, sobretudo com o propósito de avistar até que ponto a "réplica" de Heidegger a Nietzsche pode ser considerada como um efetivo "encontro". Pois bem pode suceder, como estimamos, que o que cada um deles tem em vista ao pensar, só pode conduzir, melhor, a um "desencontro" de Heidegger com respeito a Nietzsche. Sem dúvida, esta nossa avaliação requer pelo menos um mínimo esboço de seus respectivos delineamentos. Ainda quando ao fazer isto, não pretendemos entrar na discussão das condições teóricas ou interpretativas que façam possível ou fecundo um diálogo pensante entre dois filósofos como estes.

A relação que Heidegger estabelece com a obra e o pensar de Nietzsche, sem dúvida, é conseqüente com sua própria decisão de situar a "singularidade" deste dentro "do movimento filosófico fundamental do pensar ocidental". Pois em múltiplas ocasiões nas quais se encontra com palavras centrais para Nietzsche e na hora de intentar apreender seu sentido, interpretá-las, reiteradamente retrocede até o dito acerca delas por outros ilustres filósofos. Assim, por exemplo, para dar conta do significado da vontade em Nietzsche recorre desde Aristóteles, passando por Santo Tomás, até chegar a Leibniz, Kant, Hegel, Schelling, Schopenhauer; e quando se trata de delimitar os termos potência, vida, recorre novamente a Aristóteles. É este um procedimento que ainda quando possa ter a legítima aparência acadêmica de uma determinação preliminar do dito por Nietzsche, em definitivo, converte-se em determinante, pois de imediato Heidegger tira dali conseqüências sobre o sentido do dito por Nietzsche que lhe permitem reforçar sua estratégia argumentativa para mostrar que, quando Nietzsche pensa o que seja a vontade e a potência, portanto, a vontade de potência, o faz sempre sobre o transfundo do que, através desses conceitos e na tradição, pensou-se sobre o ser e os entes. Desse modo, Heidegger pode logo afirmar algo de especial relevância para ele, isto é: quando pensa a vontade de potência, "certamente entra Nietzsche com esta interpretação do ser dos entes no mais interno e mais amplo do círculo do pensar ocidental" (Heidegger, 1961, Vol. I, p. 76).

Apesar da relevância dos nomes de filósofos a que recorre Heidegger quando quer situar historicamente o significado da noção de vontade em Nietzsche, não nos referimos ali ao pensador que a este respeito é para Heidegger o mais decisivo. No seguinte texto aparece seu nome, junto a uma sumária caracterização do pensar de Nietzsche e ao enunciado do traço essencial que uniria a ambos num mesmo delineamento. Diz: "A doutrina de Nietzsche, que converte a tudo o que é e como é em 'propriedade e produto do homem', só consuma o mais extremo desenvolvimento daquela doutrina de Descartes, segundo a qual toda verdade permanece fundada retroativamente na autocerteza do sujeito humano" (*id., ibid.,* Vol. II, p. 129). Na interpretação de Heidegger, isto significa que a autocerteza do eu se funda e se desenvolve no âmbito da re-presentação, na qual ao iniciar-se metodicamente todo *cogitare* mediante o *dubitare* de um eu, nesta dúvida fica incluído como referência ineludível tudo o mais além do eu. Deste modo, ao re-presentar-se o outro que está ante ele, por sua vez, o eu se põe a si mesmo nesse re-presentar, de maneira que "enquanto (o eu é) um re-presentante, em cada caso 'põe' ao re-presentado, lhe exige dar contas, quer dizer, o retém e o afiança para si, o traz à possessão, o assegura. Para quê? Para o ulterior re-presentar, que em todas as partes é querido como um pôr-sobre-seguro e que se dirige a determinar o ente como o assegurado" (*id., ibid.,* p. 152-3).

Deste modo, em Descartes se expressa o começo decisivo da metafísica moderna, cuja tarefa não teria sido senão a de "liberar o homem à nova liberdade como a que funda o fundamento metafísico de dar-se a si mesma sua segura lei" (*id., ibid.,* p. 147). E se Descartes é o início dessa metafísica moderna, para Heidegger será Nietzsche quem a leva à sua consumação. Assim, afirma, "a vontade de potência é em verdade a vontade de vontade, em cuja determinação a metafísica da subjetidade (*Subjectität*) alcança o cimo de seu desenvolvimento, isto é, a consumação" (*id., ibid.,* p. 382). O ponto de partida do caminho até esse cimo Heidegger o encontra ao reduzir sumariamente o que em Nietzsche seja a vontade à vontade de potência. Porém, Heidegger faz ainda algo mais, algo do que, com um certo tom de ironia, poderia dizer-se que expressa nele um traço de auto-afirmação "moderna", posto que ao reduzir a potência a não ser mais que a essência da vontade, acaba rapidamente concluindo algo que lhe parece que basta para estabelecer a essencial conexão metafísica de Nietzsche com Descartes: "A vontade de potência é, assim, vontade de vontade, ou seja, querer é: querer-se a si mesma" (*id., ibid.,* Vol. I, p. 46).

Porém agreguemos ainda algo mais a esta réplica de Heidegger a Nietzsche. Posto que para aquele, mediante a vontade de potência Nietzsche nomeia "o ser dos entes enquanto tais, a *essentia* dos entes" (*id., ibid.,* Vol. II, p. 260), com ela e uma vez alcançado esse cimo da subjetidade também por parte da filosofia de Nietzsche, o que nesta se haveria logrado é que "o homem se assegura como o ente que é de acordo ao ente enquanto tal, enquanto que ele se quer a si mesmo como o sujeito que é eu e nós, se representa a si mesmo e assim se coloca a si mesmo ante-si" (*id., ibid.*, p. 382). Deste modo, junto com consumar Nietzsche a metafísica moderna, e precisamente enquanto o faz de acordo com esta leitura de Heidegger, perdeu-se, esqueceu-se uma vez mais o que para este é digno de ser perguntado, o ser. E, portanto, se deveria aceitar que a conseqüência do niilismo não é só aquilo que Nietzsche entende por tal, senão melhor, segundo Heidegger, "o essenciar do niilismo é o ausentar-se do ser como tal" (*id., ibid.*, p. 383). Um ausentar-se que não deriva só desta massiva intervenção da vontade de potência, mas também de sua indissolúvel conexão com esse outro tema central do pensamento de Nietzsche que é o eterno retorno, o qual Heidegger interpreta como o nome com que Nietzsche nomeia ao ente em totalidade, a *existentia* dos entes. Pois, ao pensar conjuntamente ambas as palavras de Nietzsche, Heidegger afirma: "O ente que *enquanto tal* tem o caráter fundamental da vontade de potência só pode ser *em totalidade* eterno retorno do mesmo. E inversamente: o ente que *em totalidade* é eterno retorno do mesmo tem que ter, *como ente,* o caráter fundamental da vontade de potência" (*id., ibid.*, p. 284). É em meio ao jogo de relações que se produzem entre esses dois grandes temas nietzschianos, onde para Heidegger se perfila a verdadeira trama e conseqüências do niilismo que poria de manifesto, precisamente, seu essencial esquecimento do digno de ser pensado, metafisicamente desestabilizador do pensar, o qual deixa na precária condição de ter que realizar sua tarefa mais própria somente sobre o transfundo daquele "ausentar-se do ser como tal".

Efetivamente o encontro que Heidegger procura estabelecer com Nietzsche é tal que ele, desde o começo de seu próprio pensar e até o final, pelo menos, de sua réplica a este, se produz em todo momento somente a partir desse querer seu que é uma decisão de aceder a esse essenciar do ser, como única instância que "libera a todo ente até si mesmo e ao pensar até o que permanece por pensar". Entretanto, e antes de esboçar brevemente algumas das questões que nos parecem centrais para realmente aceder ao sentido do que Nietzsche entende sob a palavra vontade, e à compreensão do homem e da história que se expressa na vontade de potência, para além dos pressupostos empregados por Heidegger para isso, façamos ainda uma referência mais à relação que Heidegger vê e estabelece entre Descartes e Nietzsche. Especialmente porque ali Heidegger toca em um tema importante para essa compreensão da vontade, o qual tem relação com o tema do corpo, a que logo nos referiremos.

Na dependência metafísica que estabelece de Nietzsche com respeito a Descartes, Heidegger não pode deixar de reconhecer que o que está já na base do pensamento de Nietzsche não é o "eu" senão o "corpo". E em conseqüência cita textos de Nietzsche que assim o corroboram, nos quais ele aparece como sendo mais fundamental que a noção de alma, e que por ser o fenômeno mais rico, mais patente, mais apreensível, metodicamente se deve antepor o seu estudo ao dos outros fenômenos (cf. Heidegger, 1961, Vol. II, p. 186). Surpreende, entretanto, que Heidegger agregue que esta é também a posição fundamental de Descartes, claro está, pondo-se a bom resguardo ao acrescentar que isto será assim sempre que se aceite "que ainda temos olhos para ver, isto é, para pensar metafisicamente" (*id., ibidem*). E esse resguardo metafísico o obtém ao conectar a referência feita por Nietzsche à necessidade de antepor metodicamente o estudo do corpo a outros fenômenos, com o sentido e o alcance que para Descartes tem o conceito de método, o qual, afirma Heidegger, "é agora o nome para o proceder assegurante, conquistador frente aos entes, para assegurá-los enquanto objetos para o sujeito" (*id., ibid.*, p. 170). Porém, percebe-se, Heidegger não oferece argumentos nem textos que permitam ao menos sugerir que Descartes e Nietzsche tenham uma compreensão sequer semelhante da noção de método. Basta-lhe haver identificado o proceder da vontade em Nietzsche com a certeza que lhe outorga ao pensar do sujeito a representação assegurante para ele do outro que não ele.

Está claro para Heidegger, entretanto, que os múltiplos e variados desenvolvimentos feitos por Nietzsche em torno do tema do corpo só podem pôr de manifesto quão longe se encontrava Nietzsche, em ocasiões, de chegar a pensar realmente seus mais próprios pensamentos. Assim é como quando ele se encontra com distintas referências de Nietzsche ao corpo, resolve-as prontamente enquanto as situa como uma das alternativas metafísicas segundo as quais tradicionalmente se interpretou a essência do homem: como *animal rationale* ou como *animalitas,* na qual se inclui por sua vez a animalidade e a corporalidade, ou bem como um equilíbrio suportável entre ambas (cf. Heidegger, 1961, Vol. II, p. 193-4).

Pareceria que, quando esta alternativa de interpretação se lhe assemelha como um tanto débil frente ao peso dos correspondentes desenvolvimentos de Nietzsche sobre o corpo, ele mostra sua disposição em situar ao corpo inclusive numa posição que o faça, ainda que seja paradoxalmente, de algum modo associável ou identificável com a subjetividade moderna. Assim é como assinala que, se se considera o fato de que "o sucesso desta história (da metafísica) foi, em última instância, a transformação do entitativo na subjetividade", alguém, isto é, ele, poderia sentir-se inclinado a chegar a perguntar se uma das alternativas para dar conta dessa transformação acaso não residiria em que "o esboço do entitativo como vontade de potência é o fundamento da possibilidade para o domínio da incondicionada *subjetividade do 'corpo',* só mediante a qual se chegará a pôr no livre a peculiar efetividade da realidade" (*id., ibid.*, p. 239; itálico nosso). Sem dúvida que esta possibilidade será rechaçada por ele, pois ele poderá assinar à vontade de potência a condição de ser em Nietzsche a palavra com que se nomeia o ser dos entes enquanto tais, porém a vontade de potência não poderá arrogar-se jamais o lugar do ser, posto que, ao contrário, é "o ser [que] essencia através de si mesmo como vontade de potência". Em qualquer caso, haver chegado a associar Heidegger o corpo com a subjetividade parece ser a posição extrema a que está disposto a conceder a Nietzsche a propósito deste tema, apesar de que isto não seja obstáculo para que, já em páginas anteriores, haja dito o que realmente pensa a este respeito sobre Nietzsche e sobre o que ele considera como sua inquebrantável relação com Descartes: "Que Nietzsche ponha o corpo no lugar da alma e da consciência não muda nada na posição metafísica fundamental estabelecida por Descartes. Mediante Nietzsche, ela só se tornará mais grosseira e levada ao limite ou inclusive posta no recinto da incondicionada falta de sentido" (*id., ibid.*, p. 187).

II

O eco das palavras desta última citação pode levar-nos a pensar que a réplica de Heidegger a Nietzsche parece haver-se convertido em algo mais que isso, melhor, num atrevimento de seu pensar. Pelo menos num atrevimento no que diz respeito ao tema central mediante o qual este pensa a vontade, o corpo, com o qual permanecem tiradas também fora de seu centro articulador aquelas outras duas noções fundamentais da vontade de potência e do eterno retorno, com as quais Nietzsche procura pensar, mais além da tradição e fora dela, o fenômeno da vida com que ele associa a ambas, para assim pensar também, por essa via, o homem. Entretanto, que para repensar a noção de vontade Nietzsche tenha de recorrer ao tema do corpo, situando a uma e a outro dentro da dimensão terrenal da história, é algo que para Heidegger só pode pôr de manifesto o extravio de Nietzsche com respeito ao essencial da pergunta fundamental pelo ser. Porém, neste momento, cabe dizer que este seria um extravio somente se a única via para o encontro pensante de dois filósofos ficasse determinado pelo caminho eleito por um deles, neste caso, pela pergunta fundamental de Heidegger.

Apesar do juízo expresso por Heidegger sobre Nietzsche, no que segue queremos adentrar-nos minimamente num caminho seguramente aberrante para esse juízo, posto que intentar esboçar o contexto no qual o corpo adquire uma posição central para o pensar de Nietzsche supõe arriscar-se a andar errante e extraviar-se na "incondicionada falta de sentido". Porém, sem dúvida coincidem ambos os pensadores no risco que significa pensar, ainda que cada um outorgue a esse risco um sentido distinto.

Que Nietzsche não titubeie em assumir tal risco, fica clara e taxativamente expresso no seguinte texto de *Assim falava Zaratustra*:

> O corpo é uma grande razão, uma pluralidade, dotada de um *único sentido,* uma guerra e uma paz, um rebanho e um pastor.
> Instrumento de teu corpo é também tua pequena razão, meu irmão, a que chamas "espírito", um pequeno instrumento e um pequeno joguete de tua grande razão.

Dizes "eu" e estás orgulhoso dessa palavra. Porém essa coisa maior ainda, na qual tu não queres crer, – teu corpo e sua grande razão: essa não diz eu, mas faz o eu (Za/ZA I, Dos desprezadores do corpo).

Destaquemos dentre estas palavras somente aquelas que para a ocasião nos parecem mais relevantes. E deveremos fazer isso com a devida concisão, a que esta oportunidade também obriga. Sua afirmação de que o corpo é uma grande razão não elimina, ainda que sim subordina a ele, o que em toda a história da filosofia ostentou sempre o lugar de privilégio para o pensar, uma vez que a partir dele é de onde se podia dar conta de tudo quanto é enquanto *é* e, por isso, aceder à *verdade* disso que é e assim atuar como se *deve*. O espírito, a razão, o *logos,* é o que ali fica subordinado ao corpo. É uma peculiar subordinação, entretanto, posto que à diferença de como se entendeu na tradição esse espírito ou razão, como uno e absoluto, enquanto com ele ou ela se pode dar fundamento a tudo quanto é, esta grande razão que é o corpo não possui nem ascende, mediante esse qualificativo de "grande", a uma dimensão ainda superior àquela unidade e universalidade desde e na qual o espírito se desenvolve. Melhor, esse corpo que é uma grande razão, fica rebaixado a ser uma "pluralidade", aquela que, prontamente, se manifestaria através dos múltiplos elementos, situações, condições e decisões que configuram os fenômenos muito mundanos e históricos da guerra e da paz, do que sucede em e entre um rebanho e um pastor. De maneira que só através do desenlace e economia doméstica do que se vive nesses dois pares de situações, essa pluralidade do corpo poderia chegar a desfrutar desse *"único* sentido" de que está dotada.

Ademais, essa subordinação do espírito ao corpo resulta ser ainda mais peculiar, enquanto que para poder havê-la o corpo com sua pluralidade requer dispor desse espírito como um "instrumento" para modelar e trabalhar essa pluralidade, porém também como um "joguete" para recrear-se e jogar nela e com ela, assinalando a ambos a mesma condição de serem "pequenos", assim como pequena é a razão em que o espírito se converte dentro da economia de mais ampla pluralidade que é essa grande razão. Porém não só o espírito, em seu sentido tradicional mais amplo, e toda a tradição filosófica que se reconhece nele, devem sentir-se incomodados nesta situação que Nietzsche lhes assinala. Também deve assim se sentir esse moderno executor dos pensamentos do espírito, o "eu", que inclusive não quer crer nessa grande razão, especialmente talvez porque ela parece despojá-lo dessa possessão que a ele se acostumou atribuir-lhe como condição exclusiva e identificatória, e onde parecia radicar seu orgulho: a palavra, a fala, a linguagem mesmo com que *diz* "eu", para ficar exposto ao que essa pluralidade do corpo *faça* com ele. E pareceria que Nietzsche não satisfeito ainda com este já imenso processo de expropriação das tradicionais propriedades do espírito e do eu e, portanto, do já consolidado numa tradição de muitos séculos, agrega outra mais, na qual poderia mostrar-se outro signo de sua irracionalidade, como característica derrogatória com que se firmou qualificar seu proceder e pensar. Em duas linhas imediatamente anteriores à citação declarada, estende ainda mais o âmbito do que se denominou a radicalidade de sua crítica ao pensar e à cultura do ocidente: "Porém o desperto, o sapiente, diz: 'corpo sou eu integralmente, e nenhuma outra coisa: e alma é só uma palavra para designar algo no corpo'" (*idem*).

 Chegando a este ponto, talvez seja preciso pôr limites em nossa exposição a este amplo traçado de expropriações executadas por Nietzsche em nome da grande razão do corpo, e fazê-lo perguntando por aquilo com que primeiro ele positivamente a circunscreve: "uma pluralidade". E caberia deixar pelo menos para outra ocasião o intento de delimitar quem é aquele "desperto e sapiente" que diz, que enuncia essas propriedades do corpo. De que está composta essa pluralidade? Como se manifesta, como atua para dispor desse único sentido de que, entretanto, está dotada? Donde sucede essa manifestação e ação, que a dirige ou orienta, para ir até onde, com que propósito? Sabemos, ao menos até agora, que o espírito é um instrumento com que o corpo maneja essa pluralidade, para prontamente fazer algo supostamente inocente com ela: jogar. Porém, com que regras se joga ali e com quais se manipula esse instrumento? Donde tira Nietzsche os elementos e as referências que permitem orientar-se nessa pluralidade do corpo?

E é importante esboçar ao menos um início de resposta a estas perguntas, pois, ao fazê-lo, se poderia mostrar que a "singularidade" do pensar de Nietzsche se situa num tipo de relação distinta com a tradição filosófica ocidental que a que Heidegger lhe assinala. Pois para este, são duas perguntas, a pergunta condutora: que é o ente? e a pergunta fundamental: que é o ser? – as únicas que, ainda quando "perguntam por cima e mais além de Nietzsche", entretanto, nos diz, "garantem que tragamos seu pensamento até o livre e o façamos fecundo" (Heidegger, 1961, Vol. I, p. 81). Pode-se prever já de onde obtém Heidegger o apoio para essa sua prova de força interpretativa que procura fazer fecundo o pensar de Nietzsche levando-o, segundo ele, até o impensado por este e que, entretanto, seria o "digno de ser pensado" (*id., ibid.,* p. 84). Esse "livre" até o qual Heidegger quer levar o pensamento de Nietzsche se encontra no âmbito do ser, pois "o ser (...) libera todo ente até si mesmo e ao pensar até o que fica por pensar" (*id., ibid.,* Vol. II, p. 398).

Como parece que não pode menos que isso suceder a propósito do pensar de Nietzsche, o ponto de partida para procurar delimitar e responder às perguntas formuladas mais acima, e de acordo com algo do já dito por ele no texto citado anteriormente, poderá encontrar-se inicialmente tão somente em outra palavra: a vontade. Porém, é preciso ter claro que não se trata ainda aqui da vontade de potência, – que tem sido tão traída e levada por tantas interpretações sobre Nietzsche, e não exclusivamente pela de Heidegger –, senão só da simples palavra vontade. Trata-se de um texto de *Para além de bem e mal* § 19, usado também por Heidegger, e que transcrevemos abreviadamente:

> A mim a volição me parece antes de tudo algo *complicado*, algo que só como palavra forma uma unidade, – e justo na unidade verbal se esconde o preconceito popular que se adonou da sempre exígua cautela dos filósofos (...): em toda volição há, em primeiro termo, uma pluralidade de sentimentos, a saber, o sentimento do estado de que nos *afastamos*, o sentimento do estado a que *tendemos*, o sentimento desses mesmos "afastar-se" e "tender", e, ademais, um sentimento muscular concomitante que, por uma espécie de hábito, entra em jogo tão logo realizamos uma "volição", ainda que não ponhamos em movimento "braços e pernas". E assim como temos de admitir que o sentir, e desde logo um sentir múltiplo, é um ingrediente da vontade, assim devemos admitir também, em segundo lugar, o pensar: em todo ato de vontade há um pensamento que manda; (...) Em terceiro lugar, a vontade não é só um complexo de sentir e pensar, mas sobretudo, além disso, um *afeto*: e, desde logo, o mencionado afeto do comando.

Só como palavra a vontade logra reunir essa complexa pluralidade de pensamentos, de sentir, de pensar e de afetos, como o de comando, que pode chegar a dar unidade efetiva a essa pluralidade. E que quando o faz, realiza-o sobre a base dessa rotina gramatical que emprega "o conceito sintético 'eu'" como se fosse ele quem efetivamente logra a unidade dessa ação volitiva, alcançando assim uma suposta "liberdade da vontade", na qual se omitiu e se desconhece, entretanto, toda essa complexa pluralidade de elementos que a configuram. A partir do texto citado, pode-se entrever que essa pluralidade tem o corpo como cenário imediato de aparição, ainda que o ali apontado requeira, sem dúvida, uma maior ampliação. Porém, se como já o havia assinalado Nietzsche e o reitera aqui, não se pode esperar que seja o "eu" quem realiza essa unidade, quem a logra e como o faz?

Ao final desse mesmo parágrafo, encontra-se uma frase que pode permitir-nos avançar na direção buscada, que Heidegger deixa fora de toda consideração em sua leitura, e que ademais pode ser conectada com outra do mesmo livro, em seu § 12, que explicita imediatamente um de seus termos, e mediante o mesmo recurso que aponta como se logra essa unidade. Ali diz: "nosso corpo, em efeito, não é nada além do que uma estrutura social de muitas almas", e logo: "Porém está aberto o caminho que leva a novas formulações e refinamentos da hipótese alma: e conceitos tais como 'alma mortal' e 'alma como pluralidade do sujeito' e 'alma como estrutura social dos instintos e afetos' desejam ter, de agora em diante, direito de cidadania na ciência". De maneira que, ao começar pelo dito na última citação, se a alma é uma pluralidade de instintos e afetos, que configuram também o sujeito como pluralidade, enquanto este é entendido como algo mortal e, por isso, situado na ampla e diversificada finitude da existência humana, é também essa pluralidade de instintos e afetos que conforma o corpo e, portanto, a vontade, uma vez que esta atua sobre a base de muitas almas. Todas elas, com seus instintos e afetos incluídos, operam e podem adquirir uma unidade eventual de acordo com o modelo de uma "estrutura social". Foram poucas as desapropriações feitas por Nietzsche, antes aludidas; agora o pensar, o eu, a alma e a vontade ficam lançadas fora desse reduto íntimo, imanente ou transcendental em que costumavam habitar – no recinto da reflexão metafísica, para desde ali reger e regular o que acontecia lá fora no mundo –, e não poder assim agora mais que cumprir, na sociedade e de acordo com a estrutura de relações nela imperante, as funções que costumavam ser da competência desse eu e que, deste modo, ficam subordinadas à grande razão do corpo. Mas esta não parece se atemorizar de viver nessa intempérie do social.

Deter-se analítica e interpretativamente nesta outra via aberta por Nietzsche para aceder à grande razão do corpo significa afastar-se tanto do âmbito teórico como prático em que se desenvolve a reflexão metafísica moderna sobre o eu, o sujeito e sobre as coordenadas do tipo de racionalidade ali imperantes. Ou seja, significa também transladar-se a outro âmbito de reflexão que o privilegiado por Heidegger em sua leitura e interpretação de Nietzsche.

Como preâmbulo a um excurso que haveremos de realizar a fim de intentar delimitar uma das vias centrais mediante a qual possamos conectar e, por sua vez, explicitar a maneira pela qual Nietzsche procura entender como se articula essa pluralidade de instintos e afetos, de almas no corpo através de uma estrutura social, recorramos a outro texto no qual ele nomeia ainda com outra palavra os instintos e a vontade. "Um *quantum* de força é tão somente um *quantum* de instinto, de vontade, de atividade – mais ainda, não é nada além do que essa mesma vivacidade, esse mesmo querer, esse mesmo atuar" (GM/GM I § 33). E para sermos breves, digamos simplesmente que a vontade é uma pluralidade de forças que configuram o corpo, entendido como uma grande razão, a qual para ser o que é terá de estar em condições de articulá-las, prontamente, segundo o critério e o modelo da estrutura social que num momento histórico dado impere numa sociedade, onde todo o conteúdo prático e teórico presente nas figuras do mando e da obediência desempenharão o papel de um operador de seleção, distribuição e perfilamento dessas forças.[1] Entretanto, cabe acrescentar, de imediato, que não é este o único critério nem modelo empregado por Nietzsche para pensar a vontade e o corpo. Porém, para chegar a este outro modelo ainda não nomeado, é preciso dar uma volta ou fazer um excurso expositivo preparatório, já anunciado linhas acima.

Uma frase que se encontra num fragmento póstumo escrito no outono de 1886 nos permite elaborar um comentário, para chegar onde nos interessa e ampliar assim as referências de que Nietzsche lança mão para pensar os temas capitais de sua filosofia, os quais, por certo, como já se terá visto e se verá, são distintos dos que recorre Heidegger. No contexto de assinalar algumas conseqüências que traz consigo a chegada à cultura ocidental desse hóspede, o mais inospi-

---

[1] Nos trabalhos "Una transvaloración del hombre democrático", seções IV, V e em "Los desafíos de la política", seções III, IV, V, contidos em nosso livro *Nietzsche, un pensador póstumo. El cuerpo como centro de gravedad,* Ed. Anthropos, Barcelona 1998, desenvolvemos os temas aludidos nestes últimos parágrafos, especialmente o referido à vontade em sua relação com corpo, alma, estrutura social, comando e obediência. A partir desse complexo de relações se dá uma interpretação da democracia e da política, nos parece, significativamente distinta da que costuma afirmar-se que seria a posição de Nietzsche sobre essas questões.

taleiro e terrível de todos, o niilismo, diz Nietzsche: "Desde Copérnico roda o homem até fora do centro, até um X" (XII, 2 [127]). Ao perder a terra, e junto com ela o homem, sua antiga condição de ser o centro do universo, ela e o homem que ali habita perderam sua orientação, ficaram expostos a viver na encruzilhada, no cruzamento de caminhos de um X, que os deixou próximos de ter de enfrentar, sob o signo de uma nova incerteza, tudo quanto pudesse provir desde as ignoradas regiões do outro que se dirigisse ou chegasse ou atuasse sobre esse cruzamento de caminhos em que, de pronto, ficaram situados o homem e a terra.

Ante essa desorientação e enigma de tal X, por uma parte, se reforçou na vida cotidiana e institucional dos homens a velha crença na existência de um centro ordenador e criador da terra, do universo e do homem: o Deus do cristianismo, incluídos os cismas, Reformas e Contra-reformas da instituição eclesiástica que sobre esse credo se fundou. Porém, por outra parte, o impulso secularizador que transpassava essa reflexão do pensar renascentista, que se acentuou a partir dos inícios da modernidade, deu também lugar a uma proposta estabilizadora, tranqüilizante para o saber da ciência que se desenvolvia a grandes passos, quando com Newton se adquiriu a certeza de que o universo sim possui uma ordem mediante a qual se regula a posição e a relação dos corpos no espaço: a lei da gravitação universal deu um novo centro aos homens. Porém, este centro secularizado já não tinha a solidez monolítica do antigo centro mítico-religioso. Quando a gravitação universal permite pensar e falar de um centro de gravidade, trata-se agora de um centro que se pode determinar, em cada caso, a partir da condição específica e da posição dos corpos que entram em relação uns com os outros: são a massa e a relação inversa do quadrado da distância que media entre esses corpos o que determina a posição, a atração e o efeito que entre eles se produz. De maneira que por obra dessa gravitação universal se chega a saber que, quando se busca estabelecer a regularidade de seus comportamentos naturais no espaço, todos esses corpos são interdependentes, condicionam-se mutuamente uns aos outros. Que, por conseguinte, torna-se cada vez mais insustentável ou impossível afirmar que esses corpos possuem uma natureza, substância ou essência que em si mesma, desde si e por si mesma, nos diga, ou seja dito pelo intelecto que os pensa, o que eles são plenamente. Nietzsche toma pé neste novo saber secularizado da ciência para recolher dali uma palavra: *Schwergewicht,* centro de gravidade. Com ela procura seguir pensando a condição do homem, abrindo-se aos achados e à lógica ou à inércia própria do saber dessa ciência físico-matemática, – porém não só dela, como poderá apreciar-se pelo uso que ele faz do produzido em outras ciências, nas quais não é o caso de agora deter-se –, e com a qual é possível seguir avançando na direção das aspas desse X, a que lançara Copérnico ao homem desde seu velho e perdido centro. Nietzsche é seletivo quando emprega em sua obra esta nova expressão que recorda a ciência de Newton, centro de gravidade, e a usa só em relação a uns poucos temas centrais de sua proposta filosófica: para qualificar o efeito produzido pelo cristianismo sobre a cultura ocidental, para denominar o corpo, para qualificar a condição em que cai a vida quando se a contrapõe ao *nada,* para designar o pensamento do eterno retorno. Assim é como quando ele reflete sobre as formas que adota e os efeitos produzidos pela contracorrente desse pensamento secularizado, porém que é por sua vez um pensamento e uma doutrina que correm paralelamente a este e envolveu a vida dos homens desde antigamente, desde aquele começo dos séculos que através da figura de Deus e Cristo lhes garantia a existência de um centro, que era, por sua vez, uno, eterno e a verdade,

Nietzsche recorre a esta expressão para calibrar o efeito produzido pelo cristianismo sobre a valoração do homem e da terra em que habita:

> Chega o tempo em que teremos de *pagar* por haver sido *cristãos* durante dois milênios: perdemos o *centro de gravidade* que nos permite viver –, durante um largo tempo não sabemos desde onde, até onde. Lançamo-nos precipitadamente até valorações *contrapostas*, com a mesma massa de energia com a qual fomos cristãos – com a qual nós nos livramos da exageração absurda dos cristãos – (...)
> c) Intenta-se inclusive reter o "mais além", ainda que seja apenas mediante um antilógico X: porém de imediato se o veste de tal modo que se possa deduzir dali uma espécie de consolo metafísico de velho estilo. (XIII, 11 [148]).[2]

Aqui nos encontramos com uma caracterização geral do cristianismo, como sendo o que fez perder ao homem seu centro de gravidade, de maneira que com ele perdeu também toda orientação humana possível no mundo. Todavia, essa desorientação não haveria logrado despojá-lo do mais próprio de sua condição humana, da energia, das forças com as quais pode fazer uma vez mais o intento de aceder a si mesmo, porém de maneira que não tenha só que vestir-se novamente com uma roupagem metafísica, como já o fez, que encubra o

---

[2] As reticências com as quais conclui o primeiro parágrafo desta citação expressam uma das formas da condição fragmentária deste texto, ao ficar inconclusa a redação deste parágrafo. (Esse fragmento continua, entretanto, em outros parágrafos, dentre os que selecionamos sua parte c).

hábito religioso de que procedem essas outras roupagens teóricas. Num texto de *Ecce homo* especificará mais amplamente o lugar em que se assenta no homem a perda desse centro de gravidade. Ali assinala Nietzsche que é o que situa seu pensamento à maior distância possível do cristianismo, uma vez que descobriu a condição corruptora da moral cristã, posto que nela se expressa "a forma mais maligna da vontade de mentira" na medida em que o *antinatural* recebe ali as máximas honras da moral:

> Que se aprendesse a depreciar os instintos primeiríssimos da vida; que se *fingisse mentirosamente* uma "alma", um "espírito", para arruinar o corpo; que se aprendesse a ver uma coisa impura no pressuposto da vida, a sexualidade; (...) que, pelo contrário, se visse o valor *superior,* que digo! o *valor em si,* nos signos típicos da decadência e da contradição aos instintos, no "desinteressado", na perda do centro de gravidade. (EH/EH, Por que sou um destino, § 7).

Ao cair arruinado o corpo por essa moral, que assim lhe ensina a perder seu centro de gravidade mais próprio, o homem fica desprovido da possibilidade de situar-se nesse cruzamento de caminhos, na encruzilhada desse X, desse enigmático cenário que é seu corpo em que convergem e de que irradiam as forças, os sentimentos, afetos, instintos, conceitos e idéias que o cruzam. Todos eles provêm desde o mais profundo e diverso dos elementos, fatos e situações de sua história pessoal, porém também desde tudo o que a essas mesmas forças ficou aderido – mediante um complexo processo aleatório de comunicações e transformações –, daquilo que os outros homens que também chegam até essa encruzilhada que ele é, adquiriram igualmente no curso de suas histórias pessoais e sociais, que contribuem a modelá-los a todos eles. É entremeado a esse conjunto plural de forças que o corpo do homem é visto como uma grande razão, como esse centro de gravidade não substancial, nem essencial, nem metafísico, mas *relacional* e *histórico,* que está constituído apenas por essa mesma pluralidade de forças que mantêm seus equilíbrios ou desequilíbrios humanos e sociais, a partir do que os homens possam haver querido e queiram fazer com elas, misturadas com os acontecimentos da história e dos processos de configuração de sociedades. Nietzsche, ao fazer uso da gravitação newtoniana, lança mão de um modelo teórico que efetivamente existiu, pensado e enunciado nesse mesmo período de uma modernidade que intentou dar conta secularizadamente do homem e da natureza. Só que agora Nietzsche desloca esse modelo de seu inicial âmbito físico-natural até um humano e histórico, para assim repensar o homem desde a grande razão do corpo. E é aqui que a vontade desempenha em Nietzsche seu papel articulador e criador de realidades humanas, tendo claro, contudo, a condição histórica que transpassa todas essas forças por serem precisamente humanas. Aqui é que também essa grande razão pode pretender *fazer* um eu, e não só dizê-lo desde essa posição da rotina gramatical que molda a pequena razão do discurso metafísico do eu.

Deste modo, o homem, situado no centro de gravidade de seu corpo, de nenhuma maneira pode ser entendido já, por Nietzsche, desde essa dimensão da subjetividade cartesiana a que Heidegger pretende reduzi-lo nem tampouco se pode interpretar a vontade como uma vontade de vontade, onde o querer é apenas um querer-se da vontade a si mesma, a partir de um eu que, só enquanto pensa e assim se representa o outro além dele, põe-se a si mesmo, ao mesmo tempo em que pretende pôr em segurança esse outro ente que tem diante de si. A encruzilhada que é o corpo, como um centro de gravidade, onde todas as forças que aparecem nesse cenário não só se determinam mutuamente, mas que por sua vez se transformam e recriam desde o transfundo de história em que emergem e se perfilam, sem poder contar já com um fundamento e um critério de verdade universal, tornam insustentável, nos parece, a aplicação ao pensar de Nietzsche de qualquer esquema metafísico tradicional para interpretar sua obra. As numerosas referências e desenvolvimentos realizados por Nietzsche em seus escritos sobre as condições concretas de existência do homem na história, e mais ainda seu chamado no § 7 de *A gaia ciência* a repensar tantos fatos e situações da vida cotidiana, pois "até agora – diz – carece ainda de história tudo o que tem dado cor à existência", é o que, para ele, cabe considerar, por um de seus lados, como o propriamente *impensado* na história do ocidente. Para Heidegger, sem dúvida, esta petição de Nietzsche só poderia ser considerada como um notório extravio de seu pensar, com respeito ao que para ele é o único "digno de ser pensado" e que precisamente ficou como impensado, esquecido, a pergunta pelo ser. Segundo Heidegger, é ela que permitiria abrir-se até o que ele *é,* "a verdade da filosofia" (Heidegger, 1990, p. 98), e que exige desta que sua preocupação e real acesso à história sejam um pensar rememorativo que vele pelo ser.

Porém digamos algo mais acerca desse centro de gravidade, uma vez que sua perda prepara a chegada desse hóspede inospitaleiro e terrível que é o niilismo. Efetivamente, essa ruína e desprezo do corpo, essa renúncia a si mesmo que lhe ensinou a moral cristã a aplicar à sua vida, já que o conceito "Deus" foi "inventado como conceito antitético da vida", só pode ter como conseqüência que "ao perder o medo do homem perdemos também o amor a ele, o respeito a ele, a esperança nele, mais ainda, a vontade dele. Atualmente a ver-

são do homem cansa – o que é hoje o niilismo senão é *isso?*...
Estamos cansados do *homem*..." (GM/GM I § 12). E uma
vez mais, flanqueando duas palavras únicas do cristianismo e
da metafísica e referindo-se aos efeitos produzidos por elas,
aparece nomeado com este termo que nos ocupa o que efetivamente ali sucede com o corpo e a vida: "Se se põe o centro de gravidade da vida, *não* na vida, mas no 'além' – *no nada* –, tira-se da vida o centro de gravidade" (AC/AC § 43).

Já indicamos antes que com esta expressão, "centro de gravidade", Nietzsche nomeava outro tema central de seu pensamento, e que agora é preciso conectar com o que dissemos acerca dele em relação com a grande razão do corpo, a que nos referimos. No § 341 de *A gaia ciência* Nietzsche expõe pela primeira vez seu pensamento do eterno retorno e a esse parágrafo lhe dá o título *O maior centro de gravidade*. Ali o eterno retorno é o nome para denominar a constitutiva finitude da vida, da existência humana. É uma finitude da vida que apresenta, ademais, pelo menos um duplo âmbito de manifestação. De imediato, é este fenômeno peculiar da vida que nos levou a considerar e a converter a terra no único planeta até agora conhecido dentre as inumeráveis estrelas e sistemas solares do universo, que é humanamente habitável e que por isso nela se faz uma história, cujo sentido mais próprio Nietzsche entende que é precisamente o da história do homem – apesar de que este no "minuto mais soberbo e mais mentiroso" de sua existência e em "algum rincão remoto do universo cintilante" (WL/VM § 1), pretendeu fazer "história universal". E é nesse rincão apartado, finito, que é a terra, onde a vida se singulariza, em cada caso, através do corpo dos homens, que com seu próprio passo os arraiga à terra, os assenta nela. Porém é também esse corpo que se converte para eles no cenário ou na sede imediata, imutável e privilegiada em que transcorrem todos os fatos, experiências, situações que povoam ou despovoam sua existência, que fecundam ou convertem num deserto sua relação com si mesmos ou com os outros homens, por sua vez, naquele âmbito mais largo e alheio que é a sociedade, à qual, ademais, se costuma também chamar de corpo social.

A finitude da vida patenteada na singularidade e caducidade do corpo é o grande ponto de cruzamento dos caminhos que vêm desde os outros homens até, em cada caso, um eu, o qual por sua vez só pode dirigir-se até os outros através de todas as vías, procedimentos, expedientes, artifícios que, bem ou mal, com maior ou menor força, claridade ou decisão, seja capaz de traçar após aceder a si mesmo e aos outros.

Se o corpo é um centro de gravidade e por isso mesmo um cruzamento de caminhos, ele o é enquanto encruzilhada de relações cujo centro pode ser visto e experimentado – desde uma certa perspectiva de análise – como um lugar vazio, já que é um reiterado lugar de confluências e, por sua vez, um renovado ponto de partida até todas as direções às quais elege ou é impulsionado a dirigir-se, para buscar-se e fazer-se a si mesmo com e entre os homens. E assim é como se pode chegar a dar um nome, também um nome próprio, a esse lugar vazio que se enche e adquire, em cada ocasião em que sem cessar o logra ou malogra uma densidade e um perfil específico, também, portanto e uma vez mais, misturado ele mesmo em sua relação com os outros corpos que o atraem e repelem a partir da gravitação das forças que neles se expressa, e com os quais uma e outra vez procura desenhar, esboçar sua própria vida.

Como tal encruzilhada e centro de gravidade, seu corpo é por sua vez cenário translúcido e opaco no qual e com o qual ensaia e repete, no limite, durante toda sua vida, cumprir com essas tarefas que Nietzsche assinala como as mais próprias para cada homem e mulher. Num caso, essas tarefas ficam enunciadas na resposta que dá num parágrafo de uma só linha, ante a pergunta feita em seu título: "Que diz tua consciência? 'Deves chegar a ser o que és'". Noutro, fica expressa na primeira linha de um parágrafo que leva como título: "Uma coisa é necessária. 'Dar estilo' ao próprio caráter – uma arte grande e escassa!" (FW/GC § 270 e 290). Entendemos, e parece óbvio que assim seja, que o que aqui diz Nietzsche acerca desta arte peculiar, refere-se a essas duas tarefas que se propõe ao homem: chegar a ser o que se é e dar estilo ao próprio caráter, pois ambas se especificam mutuamente. O que se deve chegar a ser não tem um perfil nem uma consistência já dada, pois cabe entender esse ser como um estilo de ser, que poderá adquirir permanência à medida em que o homem o incorpore a si mesmo e arraigue através do caráter que chegue a criar e a fazer seu como aquele que ele é. Essa é, todavia, uma arte grande e rara. E é assim, porque, de imediato e entre outros procedimentos, requer contrabalançar, crivar e determinar com o afeto peculiar ao *pathos da distância* as ocasiões e modalidades em que surgiram e de onde procedem os saberes e *a prioris* já estabelecidos na história da humanidade, referidos ao que até agora se entendeu como o próprio do homem. E se necessita desse *pathos* genealógico para conhecer esses saberes e *a prioris,* porque eles têm costumado estabelecer-se sobre a base do abandono e desprezo do corpo e com o auxílio desses discursos metafísicos da razão que costumam buscar a universalidade e a necessidade de suas proposições prescindindo desta condição finita e corpórea da vida e da história. E é esta precisamente que Nietzsche delineia como uma instância mediante a qual se pode fazer frente a esse hóspede que debilitou ao homem e o conduziu até a decadência: o niilismo.

É o peso dessa tradição histórica que prevalece no Ocidente e na Europa que converteu a essa arte de "dar estilo" ao próprio caráter em algo raro. E essa arte de chegar assim também a ser o que se é, caberá considerá-la como "grande", posto que requer procedimentos distintos para aceder a ele que os que essa tradição metafísica, teológica ou religiosa lhe oferece. Prontamente, essa arte exige que os homens façam sua uma nova "espécie de honradez" que lhes permita olhar com rigor nos olhos às próprias vivências, sem temor a ver nelas tudo quanto haja ali de turvo, de desperdício, de mescla e ligação muitas vezes imprevista de materiais e desejos das mais variadas qualidades e consistências. É a pluralidade de forças, instintos, sentimentos, afetos, porém também de conceitos e idéias que transpassam, comovem, espantam e deleitam aos homens, que os impulsionam ou reprimem em suas ações, projetos, anseios, o que configura, por assim dizer, o material com o qual cada homem poderá procurar, poderá querer dar um estilo a seu próprio caráter e assim chegar a ser o que se é.

É preciso que ante o heterogêneo desses materiais e o muitas vezes aleatório de suas mesclas e relações, que configuram a condição humana, se possa dizer: "Queremos ser nossos próprios experimentos e animais de prova!" (FW/GC § 319). Ao estabelecer que cada um tem de chegar a ser para si um animal de prova que experimenta consigo mesmo, ficando exposto a não poder renunciar a tudo ou a muito de quanto suceda e atravesse o corpo em todas as direções, Nietzsche o converte à terra inteira – a essa terra a que Zaratustra clama que sejamos fiéis – no cenário maior no qual o corpo pode ser assumido como o centro de gravidade do homem. Assim, é através deste específico fazer-se corpo enquanto homem com tudo quanto sucede e experimenta nele e com ele, que a vida retorna uma e outra vez em cada ser humano, em cada instante em que se lhe faz patente a necessidade de chegar a ser o que se é e em que se possa querer responder com um sim à pergunta "'quero isto ainda uma vez e ainda inumeráveis vezes?'". Pois essa é precisamente a pergunta que ao ser formulada, diz Nietzsche, "recairia sobre tua ação como o maior centro de gravidade! Ou então, como terias de ficar de bem contigo mesmo e com a vida, para não *desejar* nada *mais* do que essa última, eterna confirmação e chancela?" (FW/GC § 341). É o fato de poder e querer assumir este maior centro de gravidade que é o eterno retorno que converte em ilusória e somente num desígnio piedoso do sujeito da consciência moderna essa distinção entre o dentro e o fora do homem, a pureza e certeza da subjetividade interior e a universalidade e permanência da objetividade exterior.

Tudo quanto está presente e ressoa nesse centro de gravidade é o que também converte a proposta de Heidegger de entender a essência da vontade em Nietzsche como uma "vontade de vontade" para a qual "querer é: querer-se a si mesma" (Heidegger, 1961, Vol. I, p. 46), numa interpretação que efetivamente pode conduzir ao que ele, Heidegger, considera como o "digno de ser pensado", pois o ser seria "o que fica por pensar". Mas certamente essa não é uma via que conduza ao pensado por Nietzsche em sua obra e menos ainda que possa fecundá-la. O caminho pensante de Nietzsche não intenta recorrer à história do ser, ou melhor, procura recorrer genealogicamente à história do homem e das palavras com que se esforçou por entender-se a si mesmo e pôr assim limites à sua ignorância.[3] É ao recorrer a esta história, estabelece Nietzsche, que se pode encontrar, em todo caso, como é que o ser, o conceito "ser" apareceu nela como um derivado

---

[3] "Nós colocamos uma palavra ali onde começa nossa ignorância, onde não podemos ver mais longe, por exemplo, a palavra 'eu', a palavra 'fazer', a palavra 'sofrer': – estas são talvez linhas de horizonte para nosso conhecimento, porém não são 'verdades'" (XII, 5[3]).

do amplo processo de formação do conceito "eu" (cf. GD/ CI, A razão na filosofia, § 5).

Porém voltando ao tema recém esboçado, se o eterno retorno e o corpo são nomeados por Nietzsche em distintas ocasiões com o mesmo nome, a mesma expressão "centro de gravidade", é porque em ambos, num de seus contextos de sentido, se patenteia a finitude declarada e aceita da vida e do corpo. Porém esta supõe por sua vez assumir o que em outros textos Nietzsche chamou de "caráter perspectivístico da existência". Não é só a vida que retornou e retorna uma e outra vez, mas também em cada existência humana particular a vida retorna eternamente através de cada uma das perspectivas mediante as quais os homens intentam ou se decidem a tomá-la ao cuidado de suas próprias mãos e desígnios, quando não têm outra alternativa a não ser a de afastar-se, situados na encruzilhada de caminhos e de forças que é seu corpo, daquela "ridícula imodéstia de decretar, a partir de nosso rincão, que só desde este rincão se *permite* ter perspectivas. O mundo se tornou para nós 'infinito' uma vez mais, na medida em que não podemos rechaçar a possibilidade de que ele *inclua dentro de si infinitas interpretações*" (FW/GC § 374).

O eterno retorno, além de ser uma condição geral da vida, é algo que também acontece em todos os âmbitos e momentos em que se fazem concretas as pequenas ou grandes vidas dos homens que cotidianamente povoam a terra, e nelas sucede mediante esta infinitude das interpretações que impõe aos homens a condição perspectivística de sua existência. Com esta proposta, Nietzsche rompe, como não poderá deixar de se ver, com aquela vontade de verdade do discurso da metafísica tradicional que aspira a pensar e deter uma verdade una e universal, que agora se quebra na pluralidade de verdades em que se articula a vida. Deixemos só indicado que, sem dúvida, aqui se colocam outros problemas aos quais deveria poder dar-se resposta a partir do próprio desenvolvimento de Nietzsche, se este não carecer de consistência teórica e histórica. Deixemos também só indicado que, igualmente daqui, poderia mostrar-se um dos lados por onde toda a filosofia de Nietzsche pode aparecer como incompreensível, pois inclusive ele mesmo, num parágrafo pouco anterior ao recém citado, denomina a si mesmo "Nós os incompreensíveis" e adianta algumas linhas de seu pensar que poderiam conduzir ao extravio de alguns de seus leitores (cf. FW/GC § 371).

Mas, chegando a este ponto, agora podemos estabelecer uma mínima conexão do eterno retorno, do corpo e da vida com o tema da vontade de potência. A vontade poderá aceder a ser vontade de potência quando ela se converter numa vontade criadora. Uma dimensão decisiva na qual haverá de cumprir-se sua condição criadora radica na relação que o homem tem através dela com o tempo e a história. Pois, a vontade ficou prisioneira na tradição da filosofia ocidental do não poder querer para trás, ficou prisioneira do "foi". E isso, precisamente porque nessa tradição a vontade e o homem só puderam confrontar-se com o passado e com o tempo rangendo os dentes numa solitária tribulação. A mais importante conseqüência deste fato apóia-se em que a existência mesma do homem se converteu para ele num "castigo", o que acarretou por sua vez para ele que ficasse dominado pelo "espírito de vingança". Este marcou sua relação com si mesmo, com as coisas, com o mundo, e o levou a entender que só na "reconciliação" com outra ordem do tempo e do ser, superior a ele e por isso eterno, absoluto, universal, um verdadeiro "em si", ele poderia aceder a si mesmo e a seu pensar. Porém é aqui, frente a essa reiterada conjuntura que se converteu numa larga tradição, que Zaratustra ensina que "algo superior a toda reconciliação tem de querer a vontade que é vontade de potência" (Za/ZA II, Da redenção). E esta se converterá em vontade criadora quando puder dizer e também fazer, apoiando-se nas forças do centro de gravidade do corpo, que "todo 'Foi' é um fragmento, um enigma, um horrível acaso", para acrescentar logo adiante: "'Mas assim eu o quero! Assim eu o quererei!'" (*idem*).

Ainda que, para aceder ao pleno sentido desta proposta de Nietzsche, se teria que precisar o que significam essas três palavras com que se qualifica o "foi": fragmento, enigma, acaso, e o modo específico como a estes se retoma no presente e no futuro, estimamos que, tendo presente o já exposto, é mediante a interpretação que se faz possível converter a vontade numa vontade de potência, numa vontade criadora. Muitos são os textos em que Nietzsche descreve e enuncia esta transformação. Citemos alguns deles:

> A vontade de potência *interpreta* (...) Não se tem de perguntar: "*quem* interpreta então?", ou melhor, o interpretar mesmo, como uma forma da vontade de potência, existe, (porém não como um "ser", mas como um *processo,* um *vir-a-ser),* como um afeto (...) A interpretação mesma é um *sintoma* de determinados estados fisiológicos, assim como um determinado nível espiritual de juízos dominantes. *Quem interpreta?* – nossos afetos (XII, 2[148], [151] e [190]).

É desse centro de gravidade do corpo configurado pela pluralidade de forças que lhe são próprias, porém nas quais também transparecem as forças dos outros homens, e daquela encruzilhada de caminhos mediante a qual fica aberto a todo o curso da história passado, presente e por fazer, que a vontade de potência interpreta. Assim é como ela contribui para que os homens possam aproximar-se da tarefa de chegarem a ser o que, em cada caso, cada um é e, por conseguinte, darem-se um estilo de ser, que a eles possa ficar incorporado, que possa fazer-se corpo neles e assim adquirir a permanência histórica que lhe é própria de acordo com a sua finitude, através do que Nietzsche chamou também de seu caráter.

É, por certo, importante ter presente, para a compreensão de alguns desenvolvimentos do pensamento de Heidegger, sua interpretação da vontade de potência em Nietzsche. Através de nossa exposição pretendemos assinalar alguns temas decisivos para a compreensão desse conceito neste pensador, que mostrariam a insuficiência da leitura heideggeriana acerca dele. Sem dúvida, é possível realizar maiores desenvolvimentos e debates sobre este assunto. Por agora, concluamos estas páginas com um texto de Nietzsche em que cremos apreciar o que poderia ser, ao menos, um aspecto da atitude que este poderia haver assumido se houvesse chegado a conhecer a leitura feita por Heidegger de sua obra:

> Nós, os generosos e ricos do espírito, que nos encontramos na rua como fontes abertas e a ninguém quiséramos impedir que saque água de nós, desgraçadamente não sabemos defender-nos do que quiséramos, não podemos evitar de nenhuma maneira que se nos *enturve*, que nos obscureçam (...). Porém faremos como sempre fizemos: também o que se arroja em nós o levaremos até nossa profundidade – pois somos profundos, não o esqueçamos – *voltaremos a ser novamente diáfanos...* (FW/GC § 378).

REFERÊNCIAS BIBLIOGRÁFICAS

ARISTÓTELES. *Etica Nicomáquea*. Madrid: Gredos, 1985.

BERTI, Enrico. "Cómo argumentan los hermeneutas". In: VATTIMO, G. *Hermenéutica y racionalidad*. Trad. S. Perea Latorre. Santa Fé de Bogotá, Norma, 1994.

BRUSOTTI, Marco. *Die Leidenschaft der Erkenntnis. Philosophie und ästhetische Lebensgestaltung bei Nietzsche von Morgenröthe bis Also Sprach Zarathustra*. Berlim/Nova Iorque: Walter de Gruyter, 1997.

CRAGNOLINI, Mónica B. *Nietzsche, camino y demora*. Buenos Aires: Editorial Universitaria de Buenos Aires, 1998.

CRAWFORD, Claudia, *The Beginnings of Nietzsche's Theory of Language*. Berlim/Nova Iorque: Walter de Gruyter, 1988.

DONNELLAN, Brenda. *Nietzsche and the French Moralists*. Bonn: Bouvier, 1982.

ECO, Umberto. *Los límites de la interpretación*. Trad. Helena Lozano. Barcelona, Lumen, 1992.

_____. *Interpretación y sobreinterpretación*. Trad. Juan Gabriel López Guix. Cambridge, Cambridge University Press, 1995.

FIGL, Johann. "Nietzsche und die philosophische Hermeneutik des 20. Jahrhunderts. Mit besonderer Berücksichtigung Diltheys, Heideggers und Gadamers". In: *Nietzsche Studien* 10/11, Berlin, Walter de Gruyter, 1981.

FOUCAULT, Michel. *Les mots et les choses*. Paris, Gallimard, 1966.

FRANK, M. *Stil in der Philosophie*. Stuttgart, Reclam, 1992.

GADAMER, Hans-Georg. *Verdad y método*. Trad. de A. A. Aparicio e R. de Agapito. Salamanca, Sígueme, 1977 e 1994. 2 v.

GRACIÁN, Baltasar, *El Héroe / El Discreto / Oráculo manual y arte de prudencia*. Barcelona: Planeta, 1990.

GRANIER, Jean. *Le probleme de la vérité dans la philosophie de Nietzsche*. Paris, Du Seuil, 1966.

HANZA, Kathia. *"Singuläres Werthmaaß". Zur Problematik des Geschmacks in Nietzsches mittleren Werken*. Dissertation Frankfurt/Main, 1999.

HEFTRICH, Urs. "Nietzsches Auseinandersetzung mit der 'Kritik der Urteilskarft'". In: *Nietzsche-Studien* (20), 1991.

HEIDEGGER, Martin. "Wer ist Nietzsches Zarathustra?". In: *Vorträge und Auftsätze*. Neske: Pfullingen, 1954.

_____. *Was heisst denken*. Tübingen: Max Niemeyer Verlag, 1954.

_____. *Nietzsche*. 2 vols. Berlim, Günther Neske Verlag, 1961.

_____. *Nietzsche*. 2 Bände. Neske: Pfullingen, 1961.

_____. "Gelassenheit". Tradução de E. Caletti e A.P. Carpio. In: *Revista de la Sociedad Argentina de Filosofía*, 3, 1985, p. 109-119.

_____. *Gesammtausgabe II. Abteilung: Vorlesungen 1919-1944*. Volume 50. Frankfurt am Main, Vitório Klostermann, 1990.

HELLER, Peter. *"Von den ersten und letzten Dingen". Studien und Kommentar zu einer Aphorismenreihe von Friedrich Nietzsche*. Berlim/Nova Iorque: Walter de Gruyter, 1972.

KANT, Emmanuel. *Crítica de la facultad de juzgar*. Caracas: Monte Ávila, 1991.

KÜNZLI, Rudolf E. "The Signifying Process in Nietzsche's *The Gay Science*". In: Dürr/Grimm/Harms, eds., *Nietzsche. Literature and Values*. Wisconsin: The University of Wisconsin Press, 1988.
LYNCH, Enrique. *Dionisos dormido sobre un tigre. A través de Nietzsche y su teoría del lenguaje*. Barcelona, Destino, 1993.
NEHAMAS, A. *Nietzsche: Life as Literature*. Cambridge (Mass.), Londres, Harvard University Press, 1985.
NIETZSCHE, Friedrich. *Werke* (GOA). Leipzig, Kröner, 1894.
_____. *Werke. Kritische Gesamtausgabe*. Ed. Colli-Montinari. Berlin, Walter de Gruyter & Co., 1967.
_____. *Sämtliche Werke. Kritische Studienausgabe*. Ed. Colli-Montinari. Berlim/Munique: Walter de Gruyter 1980.
_____. *Sämtliche Briefe. Kritische Studienausgabe*. 8 Bände. Hrsg G. Colli und M. Montinari. Berlin/Nova York: Walter de Gruyter, 1986.
_____. *Sämtliche Werke. Kritische Studienausgabe*. Hrsg G. Colli und M. Montinari. Berlin/Munique: Walter de Gruyter/DTV, 1988.
_____. *Jugendschriften*. Herausgegeben von Hans Joachim Mette. Munique, Deutscher Taschebuch Verlag, 1994, Vol. 1: Frühe Schriften 1854-1861.
_____. *La genealogía de la moral*. Trad. de A.S. Pascual. Madri, Alianza Editorial, 1975.
_____. *Ecce homo*. Trad. de A.S. Pascual. Madri, Alianza Editorial, 1976.
_____. *Así habló Zaratustra*. Trad. de A.S. Pascual. Madri, Alianza Editorial, 1978a.

_____. *Obras incomletas*. Col. Os Pensadores. Trad. de Rubens Rodrigues Torres Filho. São Paulo, Abril, 1978b.

_____. *El Anticristo*. Trad. de A.S. Pascual Madri, Alianza Editorial, 1979.

_____. *Crepúsculo de los ídolos*. Trad. de A.S. Pascual. Madri, Alianza Editorial, 1984.

_____. "Sobre verdad y mentira en sentido extramoral". Trad. de L. Piossek Prebisch. *In*: *Discurso y realidad*, Tucumán, vol. II, n. 2, 1987.

_____. "Acerca de la verdad y la mentira en sentido extramoral." Trad. de J. Jara. In: *Revista Venezolana de Filosofía*, 24, Caracas, 1988.

_____. *La ciencia jovial*. Trad. de J. Jara. Caracas, Monte Avila Editores, 1990.

_____. *Além do bem e do mal*. Trad. de Paulo César de Souza. São Paulo, Cia. das Letras, 1992.

NOBIS, H. M. "Buch der Natur". In: RITTER, J. & GRÜNDER, K. (ed.) *Historisches Wörterbuch der Philosophie*. Band II. Basel/Stuttgart, Schwabe & Co. AG., s.d.

PIOSSEK PREBISCH, Lucía. "Nietzsche, actualidad de un inactual". *In*: *Humboldt*, Munique, n. 26, 1975.

_____. "Nietzsche: lenguaje y pensamiento". *In*: *Discurso y realidad*, Tucumán, vol. II, n. 3, 1987.

_____. "Pensar y hablar. Acerca de la transformación de la filosofía a raíz del giro lingüístico". In: CIUNT *Transformaciones de nuestro tiempo*. Tucumán, Facultad de Filosofía y Letras / Universidad Nacional de Tucumán, 1996.

_____. "Pensar, sujeto, lenguaje y metafísica en un póstumo del año '85'". *In*: CRAGNOLINI, M.; KAMINSKY, G. (Ed.) *Nietzsche actual e inactual*. vol. II. Buenos Aires, Instituto de Filosofía de la UBA, 1996.

RIEDEL, Manfred (org.). *Rehabilitierung der praktischen Philosophie*. Freiburg, 1972/74.

ROJO, Roberto. "Solipsismo y límite en el *Tractatus*". In: Rojo, R. (org.) *En torno al "Tractatus"*. Tucumán, Facultad de Filosofía y Letras de UNT, 1997.

SCHNÄDELBACH, Herbert. "Was ist Neoaristotelismus?" In: Kulhmann W., ed., *Moralität und Sittlichkeit. Das Problem Hegels und die Diskursethik*. Frankfurt/Main: Suhrkamp, 1986.

SOLOMON, R. & HIGGINS, K. (eds.) *Reading Nietzsche*, Oxford University Press, Oxford, 1990.

STEGMAIER, W. "Resenha do livro de Johann Figl, *Interpretation als philosophisches Prinzip. Friedrich Nietzsches universale Theorie der Auslegung im spätes Nachlass*". In: *Nietzsche Studien* 14, Berlin, Walter de Gruyter, 1985.

STIERLE, K., KLEIN, H., FICK, M. "Geschmack". In: RITTER, Joachim, ed., *Historisches Wörterbuch der Philosophie*. Basiléia: Schwabe & Co., 1974.

VATTIMO, Gianni. *Más allá del sujeto. Nietzsche, Heidegger y la hermenéutica*. Tradução de J. C. Gentille Vitale. Barcelona: Paidós, 1989.

WAGNER, Jochen. "Iudicium". In: UEDING, Gert (ed.), *Historisches Wörterbuch der Rhetorik*. Tübingen: Niemeyer, 1998.

WALDE, A, Hofmann, J.B. *Lateinisches etymologisches Wörterbuch*. Heidelberg: Universitätsverlag, 1982.

Sendas & Veredas

Ensaios

Extravagâncias:
ensaios sobre a filosofia de Nietzsche (2ª edição)
Scarlett Marton

Nietzsche e a dissolução da moral (2ª edição)
Vânia Dutra de Azeredo

Conhecer é criar: um ensaio a partir de F. Nietzsche (2ª edição)
Gilvan Fogel

O crepúsculo do sujeito em Nietzsche:
ou como abrir-se ao filosofar sem metafísica
Alberto Marcos Onate

Nietzsche contra Darwin
Wilson Antonio Frezzatti Junior

Nietzsche: estilo e moral
André Luís Mota Itaparica

A maldição transvalorada:
O problema da civilização em O Anticristo de Nietzsche
Fernando de Moraes Barros

A filosofia perspectiva de Nietzsche
António Marques

Niilismo, criação, aniquilamento:
Nietzsche e a filosofia dos extremos
Clademir Luís Araldi

Sobre o suposto autor da autobiografia de Nietzsche:
Reflexões sobre Ecce Homo
Sandro Kobol Fornazari

Nietzsche e a música
Rosa Maria Dias

As máscaras de Dioniso
Márcio José Silveira Lima

Recepção

Nietzsche na Alemanha
Scarlett Marton (org.)